一口气读懂常识丛书
YIKOUQI DUDONG CHANGSHI CONGSHU

U0590406

一口气读懂

人文常识

本书编写组◎编

NEW

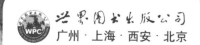
世界图书出版公司
广州·上海·西安·北京

图书在版编目（CIP）数据

一口气读懂人文常识/《一口气读懂人文常识》编
写组编著. —广州：广东世界图书出版公司，2010.2（2021.5重印）
ISBN 978 – 7 – 5100 – 1553 – 3

Ⅰ.①一… Ⅱ.①—… Ⅲ.①人文科学 – 青少年读物
Ⅳ.①C49

中国版本图书馆 CIP 数据核字（2010）第 024708 号

书　　名	一口气读懂人文常识
	YIKOUQI DUDONG MEISHU CHANGSHI
编　　者	《一口气读懂人文常识》编写组
责任编辑	张梦婕
装帧设计	三棵树设计工作组
责任技编	刘上锦　佘坤泽
出版发行	世界图书出版有限公司　世界图书出版广东有限公司
地　　址	广州市海珠区新港西路大江冲 25 号
邮　　编	510300
电　　话	020–84451969　84453623
网　　址	http://www.gdst.com.cn
邮　　箱	wpc_gdst@163.com
经　　销	新华书店
印　　刷	三河市人民印务有限公司
开　　本	787mm × 1092mm　1/16
印　　张	13
字　　数	160 千字
版　　次	2010 年 2 月第 1 版　2021 年 5 月第 8 次印刷
国际书号	ISBN　978-7-5100-1553-3
定　　价	38.80 元

前　言

　　这是一本价值不菲的书。一本好书的价值，在于它能够给人知识，在于它能够给读者增长视野，更在于它能够让读者接受和喜欢。

　　人文，是人类创造的精华，是人类智慧发展的结晶，是人类文明的结果。人文的范围很广泛，它包括人创造的一切东西，用简单的话来说，就是除了自然之外的一切都是人文。具体的说，我们坐的汽车是人文的结果，我们用的电脑也是人文的产物，就连我们现在每天喝的水都是人文的结果，人文关系到我们生活中的方方面面。学生正在增长知识，正是积累知识的绝佳时期，因此，我们为学生编写了《一口气读懂人文常识》这本书。编本书的目的就是让学生赢在起跑线上，只有拥有的知识越扎实，赢的实力就越大。然而，知识又是由常识组成，所以，只有拥有宽广的常识，你才能在学习上赢在起跑线上，你才可以在生活中百事无忧。这本书是《一口气读懂常识》系列图书之一。它主要是选取了人文中的哲学、政治、经济、伦理、文学、法律以及教育方面的常识。《一口气读懂人文常识》给人们带来很多知识，无论是对青少年还是成年人，本书里的人文常识都是人们必须了解的。

　　我们这本书，把一些人类历史上有价值的智慧精华编辑在一起，主要是把西方的现代文明和中国的文化相结合。比如在人文伦理一章，我们收录有孔子和诺贝尔的生平、事迹，这是因为诺贝尔和孔

子一样为世界上的文化和事业做出了重大贡献。以孔子为代表的儒家文化，能够在华夏文化中经历几千年的风雨而依然存在，就是因为它的价值和观念适合了人们的需要，适合了社会的发展，并还将一直这样影响下去。而诺贝尔的成就虽然没有像孔子的思想那样经历几千年的风雨，但是它能在世界大战后依然存在，并一直影响着世界的科技、文化、政治、经济的不断发展和创新，尤其是他设立的"诺贝尔奖"对科学、真理、自由、民主的倡导和表彰，足见其已成为一种文化现象、一种人文精神，在世界上起到重大的作用和意义，在人类社会的进步事业中发挥着重要的促进作用，是人类社会进步的一种力量。还有在人文哲学一章，重点介绍西方的现代文明，当然也包括古代或者以前的文明，尤其是对后现代主义、西方马克思主义、生态社会主义的重点介绍，更是精心挑选。本书的宗旨就是把最好的、最新的人文精神以及人文文化介绍给读者。

最后不得不提的是在人文法律一章，我们把人类的现代人文理念介绍给广大读者，比如《共产党宣言》、《独立宣言》等知识都是不可不知的常识。

这本书的目录结构全部采用问答的形式来展现，这样有利于知识点的汇总，也便于读者阅读，容易激发读者对图书的兴趣，并且让读者一目了然。

目　录

人文哲学篇

一口气读懂人文常识

一口气读懂人文常识

人文政治篇

人文文学篇

一口气读懂人文常识

人文伦理篇

一口气读懂人文常识

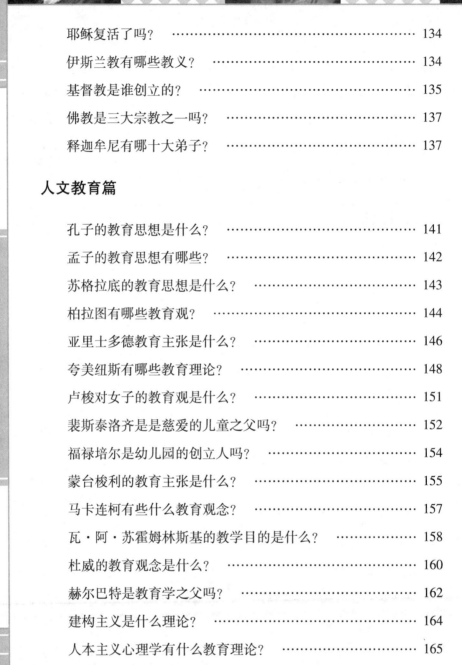

人文教育篇

一口气读懂人文常识

人文法律篇

人文经济篇

一口气读懂人文常识

一口气读懂人文常识

人文哲学篇

什么是人文?

　　所谓的人文就是指人类社会的各种文化现象。它包含的内容很多，比如各种文化现象、人世间事、习俗人情、寿命、教育水准以及生活质量。人文，是一个动态的概念。众所周知，文化是人类或者一个民族、一个人群共同具有的符号、价值观等。如果符号是文化的基础，那么，价值观就是文化的核心，而文化的主要内容有习惯规范、道德规范和法律规范则等。人文也就是指人类文化中的先进的、科学的、优秀的、健康的部分。而且，它的核心部分是先进的价值观（对于社会来说，就是先进的法律与制度规范；对于社会成员来说，就是先进的道德和习惯规范；对于青少年来说，首先体现在养成良好的习惯规范）。从社会的发展来看，人文应该是重视人的文化。它集中体现在重视人，尊重人，关心人和爱护人。简单地说，人文，即重视人的文化。

　　广义上说的人文就是人类自己创造出来的文化，而不是自然的、原始的、天然的。

什么是人文主义?

　　人文主义的英文名字是 Humanism，它指的是社会价值取向关注于人的个性，注重强调维护人性尊严，提倡宽容，主张自由平等以及自我价值体现的一种哲学思潮和世界观。

　　人文主义成为文艺复兴的核心思想，它既是新兴资产阶级反封建的社会思潮，又是资产阶级人道主义的最初形式。它肯定人性与人的价值，注重享受人世的欢乐，注重人的个性解放和自由平等，

追求人的感性经验和理性思维。

人文主义相信人的本性有巨大的潜力，而不相信宗教的超验的价值。人文主义之父是彼特拉克，他是意大利诗人。1304 年生在阿雷佐城，1374 年在阿尔夸去世。他流亡法国，后攻读法学。专心从事文学活动，并周游欧洲各国。当过神甫，追求知识，他最早提出以"人学"对抗"神学"，被称为"人文主义之父"。

什么是人道主义？

人道主义的英文名字是 Humanitarianism，它是起源于欧洲文艺复兴时期的一种思想体系，主张关怀人、爱护人、尊重人，做到以人为本、以人为中心的一种世界观。人道主义的内涵是"自由"、"平等"和"博爱"等。

人道主义是以个人为着眼点的观点，提倡每一个人是一个独立的实体，他自己是自己的目的，尊重个人的平等与自由权利，承认人的价值与尊严，把人当成人看待，而不把人看成人的工具。它的最初形式是人文主义。马克思主义重视人的地位和价值，把实现一切人的解放和自由看成奋斗目标，是革命的人道主义。

终极关怀指的是什么？

人作为自然存在物是有限的，必然面临生死问题。但是与其他物种不一样的是，只有人才会思想，才会思考生死存亡的问题；也只有人才会给予人生种种实践以终极性的价值与意义根据，以求克服生和死的尖锐冲突。终极关怀就是源于人的存在的有限性而又企盼无限的超越性本质，它是人类超越有限追求无限以达到永恒的一种精神渴望。

一口气读懂人文常识

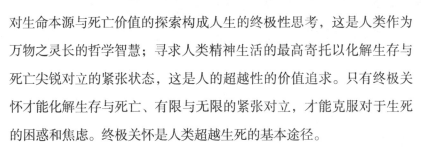

对生命本源与死亡价值的探索构成人生的终极性思考，这是人类作为万物之灵长的哲学智慧；寻求人类精神生活的最高寄托以化解生存与死亡尖锐对立的紧张状态，这是人的超越性的价值追求。只有终极关怀才能化解生存与死亡、有限与无限的紧张对立，才能克服对于生死的困惑和焦虑。终极关怀是人类超越生死的基本途径。

皈依上帝的终极关怀就是以宗教信仰作为基础，把上帝作为最后的精神寄托。宗教用臆想的彼岸世界来吞没现实世界以消弭生与死的矛盾；返归本原的终极关怀就是追溯世界本原，以抽象的道来代替虚拟的上帝当作人类精神生活的最高寄托；发扬人生之道的终极关怀把道德看得比生命更高贵更重要，追求天人合一、内圣外王甚至为万世开太平成为精神世界的真正依托。

什么是人文关怀？

人文关怀就是对人的生存状况的关怀、对人的尊严和符合人性的生活条件的肯定，对人类的解放和自由的追求。简单地说，人文关怀就是要关注人的生存和发展。也就是关心人、爱护人、尊重人。同时是社会文明进步的标志和人类自觉意识提高的反映。

人文主义是把人作为本位的世界观，集中体现在对人本身的关注、尊重与重视，它关心人的生命，关心人的人性，注重人的存在、人的价值以及人的意义，尤其是人的心灵、精神与情感。人是社会的主体、历史的主体，同时还是自身存在的价值主体，它的根本是"内在"而非"外在"，因此，文明建设的根本是精神。人文精神提倡把情感看成人的基本存在方式，社会要关注人的精神状态以及内在需求，避免人的异化。

一口气读懂人文常识

辩证唯物主义从何而来？

辩证唯物主义，也就是现代唯物主义，是马克思、恩格斯批判地吸取德国古典哲学家黑格尔的辩证法的"合理内核"以及费尔巴哈唯物论的"基本内核"和总结自然科学、社会科学与思维科学的基础创立的逻辑理论思维形式。

辩证唯物主义是马克思主义的一种哲学理论，是把唯物主义与辩证法有机地统一起来的科学世界观，产生在19世纪40年代。辩证唯物主义的观点是：世界在本质上是物质的。物质是第一性的，意识才是第二性的，意识是高度发展的物质——人脑的机能，是客观物质世界在人脑中的反映。辩证唯物主义观点认为物质世界是按照它本身所固有的规律运动、变化以及发展的，"事物都是一分为二的"。它揭示了事物发展的根本原因在于事物内部的矛盾性。事物矛盾双方是既统一又斗争，促使事物不断地从低级向高级发展。因此，事物的矛盾规律，即对立统一的规律，是物质世界运动、变化与发展的最根本的规律。辩证唯物主义认为，人的认识是客观物质世界的运动在人脑中的反映。它认为物质能变成精神，精神能变成物质，而这种主观与客观辩证统一的实现都必须通过实践。认识来产生于实践，又转过来为实践服务。因此，辩证唯物主义的认识论是能动的和革命的反映论。

虚无主义的观点是什么？

虚无主义认为世界，尤其是人类的存在没有意义、目的和可理解的真相以及最本质价值。

在虚无主义方面著书论述的著名哲学家有尼采和海德格尔。尼采把基督看成为虚无的宗教，原因是它不关注现实生活，而在乎假设的死后生活。他说虚无主义是人们意识到"上帝死了"所导致的，还强调人们应通过重新赋予生活意义来克服它。海德格尔把虚无主义叫做"这样的存在什么都不剩"，还认为虚无主义是把存在缩减到纯粹价值。

实用主义有哪些观点？

实用主义的英文名称是 Pragmatism，是由希腊词 πραγμα（行动）派生出来的。它是产生在 19 世纪 70 年代的现代哲学派别，在 20 世纪的美国形成一种主流思潮，对法律、政治、教育、社会、宗教以及艺术的研究产生了很大的影响。它的代表人物有皮尔士、詹姆士、杜威、胡克、刘易斯。

实用主义的主要观点是当代哲学分为两种，一种是经验主义者；另一种是理性主义者。实用主义就是要从上述两者之间找出一条中间道路来，那就是"经验主义思想方法和人类的比较具有宗教性需要的适当的调和者"。它忠于事实，但没有反对神学的观点，如果神学的有些观念证明对具体的生活确有价值，就承认它是真实的。把哲学从抽象的辩论上，降格到更个性主义的地方，但还可以保留宗教信仰。承认达尔文，也承认宗教；也不承认是二元论的，也就是既唯物，又唯心，还认为自己是多元论的。

实用主义的主要论点有：强调知识是控制现实的工具，现实是能改变的；强调实际经验是最重要的，原则与推理是次要的；信仰与观念是否真实在于它们是否能带来实际效果；真理是思想的有成

就的活动；理论只是对行为结果的假定总结，是一种工具，是否有价值在于是否能使行动成功；人对现实的解释，完全在现实对他的利益有什么效果。

生命哲学指的是什么？

生命哲学包含唯心主义生命哲学和唯物主义生命哲学，唯物主义的生命哲学是从 19 世纪达尔文《物种起源》所提出的"进化论"开始的，它是对生命发生与发展的一系列自然规律的提炼和升华，是理性和客观的哲学。

竞争是生命哲学的核心思想，也就是进化论描述的"自然选择"和"优胜劣汰"。竞争是生命的发生与发展动力。生命哲学的"竞争论"是指：生命用它的竞争优势得到存在，生命的发生与发展是一个竞争过程。

唯物主义的生命哲学是一门阐述生命与生命体系发生发展过程的哲学，生命用其优势在竞争中存在和繁衍，提醒人们采取不断提升自身与集体的优势在竞争中取得成功，改造生活，改造世界。

同时，生命哲学讲述了大自然对人类的"讨伐"：人类在自己创造的环境中失去了生存优势，变得不适应，而在"优胜劣汰"中存在灭绝的危机。很明显，人类也是生物，人类要在生物适宜的环境中才有生存优势。保护地球生态环境，同时也是保护我们自己。

由于科学技术的发展，从基因水平更得以看透生命的本质，补充生命哲学观。生命竞争优势来自于基因，基因的表达和遗传造就了生命个体的竞争本性。就生命而言，竞争终归是不可避免的。缺少竞争优势的个体会被其他个体所挤压排斥，缺少竞争优势的种群

也会被优势种群吞灭。

生命哲学总结的是生命发生与发展的一般规律，它教导人们认识环境的"残酷"，从而通过改进自身去适应与改造世界，是理性和客观的唯物主义哲学。

结构主义是什么时候兴起的？

结构主义的英文名称是 Structuralism，结构主义思潮的黄金时代是 20 世纪 60 年代，它的历史要追溯到 20 世纪初的岁月。当时西方有一部分学者对现代文化分工太细，只求局部、不讲整体的"原子论"倾向感到不满，他们提出了"体系论"与"结构论"的思想，强调从大的系统方面来研究它们的结构与规律性。

瑞士的斐迪南·德·索绪尔是把结构主义思想运用到语言学研究的第一人。索绪尔则将具体的语言行为（"言语"）与人们在学习语言中所掌握的深层体系（"语言"）区别开来，把语言当成是一个符号系统。1945 年法国人克劳德·列维·斯特劳斯，第一次把结构主义语言学方面的研究成果运用到人类学上。

结构主义是一些人文科学与社会科学家在各自的专业领域里共同应用的一种研究方法，其目的在于试图使人文科学和社会科学也能像自然科学一样达到精确化、科学化的水平。

实证主义的观点是什么？

实证主义的英文名称是 Positivism，它强调感觉经验、排斥形而上学传统的西方哲学派别。又叫实证哲学。产生于 19 世纪 30～40 年代的法国、英国。法国哲学家和社会学始祖 A·孔德是开创人，

主要代表有英国的 J·S·密尔以及 H·斯宾塞。

以孔德为代表的实证主义，被称为老实证主义，20 世纪盛极一时的逻辑实证主义则是新实证主义。

它的基本特征是把哲学的任务归结为现象研究，把现象论观点作为出发点，拒绝通过理性把握感觉材料，认为通过对现象的归纳就能得到科学定律。它把处理哲学和科学的关系当作理论的中心问题，还试图将哲学溶解在科学之中。实证主义不仅对哲学而且对整个社会科学均发生了深刻影响，孔德所创立的实证主义社会学，在后来的一个半世纪是西方社会学的主流。

它的中心论点是：事实必须是透过观察和感觉经验，去认识每个人身处的客观环境与外在事物。

怀疑主义到底是什么？

怀疑主义存在的客观原因恰在于认识所必然具有的主观性与条件性，认识指的是人的认识。主体的时代局限、社会立场、认识角度、知识结构、个体经验以及主观意志与情绪这些诸多因素都会影响我们的认识的真理性，以至于最后我们根本无法认识到真理本身，而只能无穷逼近真理，以上的那些影响认识的因素是每一个活着的人永远都无法根除的而只能尽可能地减少。怀疑主义就是对古代哲学认识论的思维范式的否定。最早的怀疑主义哲学家是皮浪和高尔吉亚。

怀疑主义有以下的见解：知识的有限程度；一种以系统化怀疑与不断考验，以达到求知的方法；武断、相对和主观的道德价值观；知识反冒进和暂缓的判断；对人类行为的正面动机和对人类经营过

一口气读懂人文常识

后而得出正面结果欠缺信心，也就是犬儒主义和悲观主义；在宗教里，怀疑主义还指出对宗教的基本原则比如永生、天命以及启示等的质疑。

人性论有哪些内容？

人性论，就是关于人的共同本质的理论。通常是撇开人的社会性与阶级性去解释人的共同本质的观点和学说。在中国古代哲学中，就有性善论、性恶论、性有善有恶论以及性无善恶论等学说。人性是人的自然属性与社会属性的统一。

它的特性是食欲、性欲、权威欲、群体欲、表现欲；求生本能和暴力性；渴望休息、娱乐；猜疑性；渴望自由、平等；模仿；竞争性和顺从性；羡慕和妒嫉心理；亲情和友情；欺骗性和诚实性；渴望好的生存环境；自私与合作性；老弱病残者渴望得到群体的照顾；人的精神性。人在精神性方面有自由的世界观、审美观、价值观、信仰、理想以及信念等，渴望自由结社、自由的选举权，渴望接受社会教育，还有年龄因子等等。

什么是经验主义？

经验主义的英文名字是 Empiricism，它是一种认识论学说，认为人类知识来源于感觉，并且还是以感觉的领会为基础的。经验主义诞生在古希腊。距今已有 2400 余年的历史。期间，它不断地和另外两种学说发生争议：一种学说为天赋论；另一种学说为理性主义。

作为一个认识论的概念，经验一词主要指和理性认识相区别的一个认识阶段、认识形式，也就是感性认识。理性主义者将人们对

有关事物的看法区分为一般的、易犯错误的信念与永久的、已被证实了的真理性知识。他们声称，感觉经验只能产生关于表象世界的意见，并且表象可能让人受到蒙蔽，因此，这种得之于观察的经验是不可靠的，无法被确认为知识。

从恩培多克勒开始，经验主义学说就渐渐兴起。经验主义怀疑理性所依赖的先天印象，认为它们是想象出来的幻象，并力图表明，正是观察才引起了知识，激进的经验主义者声称唯有观察与感觉是唯一有效的知识源泉；事实上，人的感觉经验能够发现与揭示真理。由此，便推动了经验主义研究感知系统。

恩培多克勒是历史上第一位经验论者，为了他的哲学目的，就展开了一个典型的心理学课题的探讨。他认为，理性主义者所说的人为自身心灵的神秘内涵所吸引而进行实质是记忆的学习，并通过这种学习而获得知识的天赋主张难以成立。经验主义希望通过找出知觉的作用机能来说明知识来源于知觉的观点，最终反证出理性与先天本性不可能充分知识的源泉。

人本精神有哪些内容？

科学精神和人文精神的核心是人本精神，也就是"以人为本"。它的主要内容，就是以人为中心，一切为了人，一切依靠人。科学技术必须为了人，因为它的目的是为了人的生存与发展；科学技术必须依靠人，因为它是由人所创造与发明的。

人本精神又叫人本思想、人本主义。人本主义，最早由古罗马西塞罗与格利乌斯提出，指"人性"、"人情"以及"万物之灵"。人本主义的基本意识是以人为万物的尺度，强调人的价值、尊严

与自由，是"以人为中心和准则的哲学"。强调人的独立性与价值，主张将人从神的统治下解放出来，提倡个性解放，肯定个人的价值、尊严与自由，倡导理性；到了18世纪，人本精神以人道主义形式表现，把自然主义的人性论作为理论基础，提出自由平等、博爱的人本主义思想，它的核心是人权，重视人的生命，"主要有两个层面：同个体自我意识相联系，强调尊重人的生命本身，尊重与爱护他人；与同类意识相联系，强调作为人类的一员的光荣和责任，强调自由、平等、博爱，并为人类的幸福与独立而斗争"；从19世纪中叶以来，人本主义强调人对自然界、他人和社会的依赖；非理性人本主义强调人和生存环境的矛盾；而马克思则认为人包括自然属性、社会属性与精神属性；到了20世纪中叶，人本主义就以人权主义的形式表现得更为深刻，出现了反主体主义，强调"天人合一"的思想与非理性主义，从人性的角度出发以及思考问题。

人本精神强调尊重人的自由、平等，发展人的个性，促进人的全面协调进步。建立以人为核心的价值理念与意识形态是人本主义，同时也是人本精神的实质内涵。

分析哲学的代表人物有哪些？

分析哲学的英文名称是 Analytic philosophy，它是对20世纪主要在英语世界中出现各种哲学的通用名称。这个流派注重语言，并试图分析命题，以便找出那些符合所代表的事实与意义，又具有最好以及最简明的逻辑形式的命题。

他的代表人物有罗素、穆尔、维特根斯坦、卡尔纳普。分析哲

学的方法能划分为两种类型：一种是人工语言的分析方法，另一种是日常语言的分析方法。因此，分析哲学认为：哲学不能成为科学的皇后，而要成为科学的奴仆，哲学要为科学服务。具体地说，哲学家不该去创造一套独立于科学之外的甚至凌驾于科学之上的体系，而要把自己的研究范围限于对已经提出的理论进行逻辑分析，搞清楚其中哪些概念是没有意义的，研究语言的特性与研制理想的语言，以及完善科学的方法。

存在主义有哪些？

存在主义的英文名字是 Existentialism，存在主义又叫生存主义，是当代当代西方哲学主要流派之一。这一名词最早是法国有神论的存在主义者马塞尔提出的。存在主义，主要包含有神论存在主义、无神论的存在主义，它能指任何以孤立个人的非理性意识活动当作最真实存在的人本主义学说。存在主义以人为中心、尊重人的个性与自由，认为人是在无意义的宇宙中生活，人的存在本身也是没有意义的，但人能够在存在的基础上自我造就，活得精彩。

存在主义先驱是索伦·奥贝·克尔凯郭尔和弗里德里希·尼采，后来还有卡尔·西奥多·雅斯贝尔斯、马丁·海德格尔、安德烈·马尔罗、让—保罗·萨特、列维·斯特劳斯、阿尔贝·加缪以及西蒙娜·德·波伏瓦等哲学家。

存在主义文学家包括弗兰茨·卡夫卡、让—保罗·萨特、安德烈·马尔罗、西蒙娜·德·波伏瓦以及阿尔贝·加缪等。

主要哲学命题有人的实在，其中又包括：他人的存在，身体与他人的具体关系，存在先于本质和他人就是地狱。

科学主义是科学吗？

科学主义，又叫唯科学主义，英文名称是 Scientism，它是一种把自然科学技术作为整个哲学的基础，并相信它能解决一切问题的哲学观点。盛行于现代西方。它把自然科学当作哲学的标准，自觉或不自觉地将自然科学的方法论与研究成果简单地推论到社会生活中来。

科学主义在 19 世纪 70 年代就已出现。德国哲学家狄尔泰在 19 世纪末主张人文学的研究方法和科学方法不同，人文学应该"主观"，和科学的"客观"相对，并批评那种想把科学方法放到人文学比如法律、艺术、历史以及宗教的研究的思想为科学主义。

科学主义的基本特征是在尊重科学经验和事实的名义下，推行不可知论与主观经验主义。科学主义的大众影响是起解放思想的作用；相对主义与虚无主义的蔓延；丧失终极关怀。科学主义的流行导致了事实和价值、科学和人文的分离与对立。

解构主义的领袖是谁？

解构主义于 20 世纪 60 年代在法国兴起，雅克·德里达是解构主义的领袖，他不满于西方几千年来贯穿至今的哲学思想，对自柏拉图以来的西方形而上学传统大加责难。

在德里达看来，西方的哲学历史就是形而上学的历史，它的原型是把"存在"定为"在场"，德里达将此称作"在场的形而上学"。"在场的形而上学"是指在万物背后都有一个根本原则，一个中心语词，一个支配性的力，一个潜在的神或上帝，这种终极的、

真理的、第一性的东西组成了一系列的逻各斯（logos），所有的人与物都拜倒在逻各斯门下，遵循逻各斯的运转逻辑，而逻各斯确实永恒不变，它近似于"神的法律"，背离逻各斯就是走向谬误。

德里达和其他解构主义者攻击的主要目标就是逻各斯中心主义的思想传统。简单地说，解构主义和解构主义者要打破现有的单元化的秩序。它包括既有的社会道德秩序、婚姻秩序以及伦理道德规范，还包括个人意识上的秩序。目的是打破秩序然后再创造更为合理的秩序。解构分析的主要方法是去看一个文本中的二元对立，比如说，男性和女性，并且呈现出流动和不可能完全分离的，而不是两个严格划分开来的类别。

解构主义有反中心，反权威，反二元对抗以及反非黑即白的理论。而是无绝对权威，个人的，非中心的；恒变的，没有预定设计；多元的，非同一化的，破碎的，凌乱的，模糊的。

历史主义是什么？

历史主义的英文名字是 Historicism。自古以来就有不少人尝试以研究和解释个别人类历史发展为基础去理解个别的社会和政治，认为了解历史发展的趋势就能掌握未来发展，知道什么趋势将会容易成功。黑格尔较早就为历史主义建立基础元素。马克思认为共产主义是人类发展的最终目标。

早期历史主义认为历史是神的意志的产物。柏拉图的历史主义是最精致的，他在解释希腊各部落，特别是雅典人的历史与社会生活的尝试中，为世界描绘了一幅宏伟壮观的哲学图景。在柏拉图看来，历史是宇宙法则。——对所有被创造物和生成物都适用的法则

的一部分。一切流变物，一切生成物注定要退化。

康德在论及普世历史时认为，每种生物都将发展成为其"注定的目的"或"历史的终结"，而人类作为独有可以使用理性的生物，人类的历史发展也有其完整使用理性的目的：建立普世的公民社会。迈向这个目的的发展就是社会进步。

历史唯物主义是马克思主义哲学的重要组成部分，也叫"唯物主义历史理论"或者"唯物史观"。历史唯物主义是马克思和恩格斯所创立，以黑格尔的辩证法，结合费尔巴哈的唯物论，去解释人类历史演变的过程。历史唯物主义规律就是生产力决定生产关系，生产关系对生产力有反作用。

相对主义都有什么观点？

相对主义的英文名字是 Relativism，它是一种形而上学、唯心主义的哲学学说。它的主要特征有片面地夸大绝对运动，否认相对静止；抹煞事物确定的规定性；消除事物之间的界限；它根本否定事物的客观存在。相对主义夸大人们的认识的相对性，将相对与绝对完全割裂开来，否认相对中存在绝对，否认客观的是非标准。相对主义把一切都看成是相对的、主观的、任意的，取消了真理与谬误的客观标准，它颠倒黑白，混淆是非，是进行诡辩的最应手的工具。

相对主义的代表人物是中国的庄子、古希腊的克拉底鲁以及奥地利的马赫等。

后现代主义是怎样界定的？

在界定后现代主义之前我们要先了解现代主义是什么。现代主

一口气读懂人文常识

义是近现代资产阶级的社会实践在文化和意识领域内的表现。它的核心就是人道主义与理性主义，它主张人道，反对神道；提倡理性，强调用理性战胜一切、衡量一切。相信历史的进步与发展，相信人性与道德的不断改良以及完善，相信人类会从压迫走向解放，并且还强调实现这一切的基础和力量就是理性。

后现代主义的英文名称是 Postmodernism，它是 20 世纪 70 年代后期开始被神学家与社会学家经常使用的一个词。起初出现在二三十年代，用来表达要有必要意识到思想与行动需超越启蒙时代范畴。现在的意思是一切都是凌乱的，没有中心。后现代主义就是基督教世界的终结。

从形式上来看，后现代主义是来自现代主义但又反叛现代主义的思潮，它和现代主义之间是一种既继承又反叛的关系；从内容上说，后现代主义是一种来自工业文明、对工业文明的负面效应的思考并作出的回答，是对现代化过程中出现的剥夺人的主体性、感觉丰富性的死板僵化以及机械划一的整体性、中心、同一性等的批判和解构，同时是对西方传统哲学的本质主义、基础主义、"形而上学的立场"以及"逻各斯中心主义"等的批判和解构；从实质上讲，后现代主义是对西方传统哲学以及西方现代社会的纠正和反叛，是一种在批判和反叛中又未免会走向另一极端——怀疑主义和虚无主义——的"过正"的"矫枉"。

后现代主义产生在 20 世纪 60 年代，80 年代达到全盛，是西方学术界的热点以及主流。它是对西方现代的批判和反思，也是对西方近现代哲学的批判与继承，是在批判与反省西方社会、哲学、科技以及理性中形成的一股文化思潮。

一口气读懂人文常识

科技和理性的极端发展使人沦落为理性与机器的奴隶；科技本来是为人造福的，理性本来是人高于动物的本质特征之一，然而，社会历史与现实却让科技和理性走向了人的对立面；理性成了纯粹的工具理性和科技理性，成为部分人掠夺他人的御用工具；人道与人权也服从于工具理性，人从理性的主题与人道主义服务的中心对象的位置沦落到工具理性与机器的奴隶。这让人们用怀疑的眼光重新审视科技理性。

后现代主义的理论特征有反逻各斯中心主义、反语言中心主义；反基础主义、反本质还原主义；否认整体性、同一性；反对中心，寻找差异性与不确定性；反对理性，消解现代性以及反对真理符合论，强调实用主义的真理观和知识的商品化。

后现代主义的主要人物与基本主张有：罗蒂的"后哲学文化"；德里达的解构主义；利奥塔的知识合法化危机与元话语、中心的被放逐以及哈贝马斯的现代性救助。

达尔文主义是谁创立的？

达尔文主义的英文名称是 Darwinism，它是英国生物学家 C·R·达尔文创立的，它是以自然选择为中心的生物进化理论，就是进化论。

达尔文采用了大量地质学、古生物学、比较解剖学、胚胎学等方面的材料，尤其是他在环球航行期间和研究家养动植物时所获得的第一手材料，证明了现存的生物是由原始的共同祖先逐渐演化而来的。从而揭示了自然选择是生物进化的主要动因，使进化论真正成为科学。自然选择的主要内容有变异与遗传、生存竞争与选择等。

英国生物学家 A·R·华莱士和达尔文同时提出了进化思想，并在 1889 年第一次把达尔文的学说叫做"达尔文主义"。达尔文主义的代表人物，还有 T·H·赫胥黎，E·H·海克尔。

达尔文主义第一次将生物学放在完全科学的基础上，它用自然选择的进化学说合理地证明生物的多样性与适应性，从而有力地打击了唯心主义的特创论与目的论。

犬儒主义讲的是狗吗？

犬儒主义学派是古希腊四大学派之一，它是苏格拉底的弟子安提斯泰尼创立的，另一人物是第欧根尼，他因为住在木桶里的怪异行为，而成为更有名的犬儒主义者。他们的举止言谈、行为方式，甚至生活态度都和狗的某些特征很相似，他们旁若无人、放浪形骸还不知廉耻，又忠诚可靠、感觉灵敏、敌我分明并且敢咬敢斗。因此，人们称这些人为"犬儒"，意思就是"像狗一样的人"。

犬儒主义开始关心的事情是道德问题。犬儒学派的学者以为人的美德是获得幸福的唯一要件。犬儒学派的学者，把这个当成准绳，摒弃一切他们认为不会让他们达到完美的幸福的事物，最终在哲学上走向了某种极端。

犬儒学派的主要教条有：人要摆脱世俗的利益去追求唯一值得拥有的善；每人都能获得幸福，而且一旦拥有，就绝对不会再失去；人不用担心自己的健康，也不必担心别人的痛苦。

犬儒学派对之后的斯多噶学派产生了深远的影响。

斯多亚学派是干什么的？

雅典城有一个是用希腊著名画家波立戈诺特的绘画装饰起来的

画廊。大约在公元前308年，希腊哲学家们在这里创立了一个学派。画廊在希腊文中是斯多亚（stoa），因此，这个学派就叫斯多亚学派，也叫画廊学派。

斯多亚学派有3个时期：①早期斯多亚学派的代表人物是芝诺、克雷安德以及克吕西波。它的特点是在自然哲学与认识论中有较多的唯物主义因素。②中期斯多亚学派的代表人物是巴内修斯与波塞唐纽斯。它的特点是有相当多的柏拉图主义的理论。③晚期斯多亚学派的代表人物有辛尼加、爱比克泰德和奥里略。它的特点有宿命论和禁欲主义的伦理学。

斯多亚派的主要观点是斯多亚学派怀疑人们可以控制外在的善，因此，斯多亚学派建议人人都独立于外部因素；德性是依照理性和逻各斯而生活以及劝人控制心灵。

早期斯多亚派的特点是：强调责任与品格，而只是禁欲主义地从世界抽身而出。晚期斯多亚学派则认为服从命运就是善。

伊壁鸠鲁学派有什么样的世界观？

伊壁鸠鲁学派是古希腊唯物主义者以及无神论哲学家伊壁鸠鲁创立的哲学派别。伊壁鸠鲁在雅典的一个花园里建立了自己的学校，叫做"伊壁鸠鲁花园"，后来形成了伊壁鸠鲁学派。伊壁鸠鲁继承且发展了德谟克里特的原子论，在承认必然性的同时，又承认偶然性。伊壁鸠鲁派主张无神论思想，认为人死魂灭，还提倡寻求快乐与幸福。他们主张的快乐不是肉欲物质享受之乐，而是排除情感困扰后的心灵宁静之乐。伊壁鸠鲁派生活简朴，有节制，目的在于要抵制奢侈生活对一个人身心的侵袭。在伊壁鸠鲁看来，最大的快乐是友

谊，而个人的幸福就在友谊与社会之中。伊壁鸠鲁学派将神还归自然，公开抨击古代的宗教，由此奠定了古代无神论哲学的基础。伊壁鸠的学说有准则学、伦理学以及物理学3个部分。

伊壁鸠鲁讲的准则学就是现在所说的认识论，"准则"就是真理的标准。伊壁鸠鲁认为这样的标准是感觉、前定观念与感情。

马克思主义有哪些内容？

马克思主义的英文名字是 Marxism。马克思主义是工人阶级的世界观，是工人阶级认识世界与改造世界的思想武器，是工人阶级争取阶级解放以及人类解放的科学理论，它是人类优秀文化成果。简单地说，马克思主义是关于无产阶级与人类解放的学说，也就是人的解放学。它既是无产阶级解放运动的理论，又是无产阶级根本利益的科学表现。它是卡尔·亨利希·马克思与弗里德里希·恩格斯创立的思想体系，是无产阶级政党的指导思想的理论基础，包括哲学、政治经济学以及科学社会主义。马克思主义阐明了自然、社会以及思维的发展规律，揭示了资本主义生产方式的固有的矛盾以及资本主义社会的特殊运动规律，证明了资本主义必然崩溃和共产主义必然胜利，指出无产阶级是资本主义制度的掘墓人，同时是共产主义社会的创造者。无产阶级专政的学说是马克思主义的精髓。

马克思主义是19世纪40年代在西欧产生的，是资本主义矛盾的激化与工人运动发展的产物，以《共产党宣言》的问世作为标志。它吸收并改造了人类思想文化的一切优秀成果。它的主要理论来源有德国古典哲学、英国古典政治经济学以及英法空想社会主义。此外，还有一些法国启蒙学者的思想以及法国历史学家的阶级斗争学

一口气读懂人文常识

20

说。19 世纪的细胞学说的确立、能量守恒和转化规律以及进化论是马克思主义的产生的基础。

马克思、恩格斯吸取 G・W・F・黑格尔哲学中辩证法的合理内核和费尔巴哈哲学中唯物主义，创立了辩证唯物主义哲学。他们运用辩证唯物主义观点与方法研究人类社会历史，同时继承法国资产阶级历史学家 J・N・A・梯叶里、F・A・M・米涅等人的阶级斗争思想，创立了历史唯物主义。他们从英国资产阶级古典经济学家亚当・斯密与 D・李嘉图的著作中吸取劳动价值论，创立了无产阶级政治经济学。他们研究 C・H・de 圣西门 F・M・C・傅立叶和 R・欧文等人的空想社会主义学说，并从空想社会主义中吸取合理因素，创立了科学社会主义。

马克思主义，主要有马克思主义哲学、马克思主义政治经济学以及科学社会主义 3 个组成部分。它的主要特征是科学性与革命性的结合，理论与实践的统一。后来，列宁把马克思主义与俄国革命的具体实践结合起来，创立了马克思主义的帝国主义理论。在中国，以毛泽东为代表的中国共产党人把马克思主义的基本理论和中国历史、社会实践相结合，创立了毛泽东思想。

马克思主义哲学的观点认为：世界的统一性是它的物质性，物质为世界所发生的一切变化的基础。运动是物质的存在形式，物质的运动是绝对的，静止是相对的。物质不是精神的产物，精神只是运动着的物质的最高形式。社会存在决定着意识，人们能够认识和正确运用客观规律。辩证法的规律是从自然界与人类社会的历史中抽引出来的，有 3 个规律：从量转化为质以及质转化为量的规律；对立的相互渗透的规律以及否定之否定规律。运动的根源是矛盾。

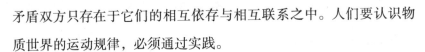

矛盾双方只存在于它们的相互依存与相互联系之中。人们要认识物质世界的运动规律，必须通过实践。

唯物史观认为，物质生活资料的生产劳动是人类社会存在与发展的基础。劳动者与生产资料始终是生产的因素，两者的结合成为生产力。人们在发展生产力时也发展着一定的相互关系，也就是生产关系，生产关系的总和就是社会关系。

马克思主义政治经济学阐明人类社会各个发展阶段上支配物质资料的生产、交换和与它相适应的产品分配的规律。还对剩余价值、绝对剩余价值、相对剩余价值以及剩余价值的分解等等作出科学分析。

科学社会主义的前身是法国空想社会主义。科学社会主义是马克思主义理论体系的核心，它的任务是研究无产阶级解放事业的历史条件和这一事业本身的性质。它是最直接又全面指导无产阶级以及全人类解放斗争的行动科学。无产阶级的共产主义社会有低级阶段与高级阶段两个阶段。

马克思主义还有政治学、军事学、历史学、教育学等方面的内容。

西方马克思主义有哪代表人物？

西方马克思主义有时指的就是西方的马克思主义，既有西方国家独立的马克思主义理论，又有西方国家共产党的理论。它突出和列宁主义的对立：西方马克思主义就是对列宁主义政治体系挑战的哲学理论体系。西方马克思主义从政治经济问题转向文化和意识形态问题，认为它既有人道主义马克思主义，又有科学主义马克思主

一口气读懂人文常识

义。凡是超越第二国际科学社会主义、第三国际列宁主义以及第四国际托洛斯基主义的新马克思主义理论,不管是东方还是在西方,都叫西方马克思主义。

西方马克思主义有三个时期:

第一时期,是卢卡奇等人形成了不同于列宁主义的黑格尔主义马克思主义。

第二时期,是西方马克思主义鼎盛发展时期。有法兰克福学派、弗洛伊德主义马克思主义、存在主义马克思主义、结构主义马克思主义以及新实证主义马克思主义等流派。它们重点分析法西斯主义兴起的心理根源;反思启蒙精神、工具理性、科学技术以及大众文化,对发达工业文明批判;构筑批判理论的哲学基础,还用各种西方社会思潮解释和补充以及重建马克思主义。

第三时期,西方马克思主义向多元化发展,法兰克福学派、存在主义马克思主义、弗洛伊德主义马克思主义以及结构主义马克思主义出现了分化,还出现了分析马克思主义、生态马克思主义以及后现代马克思主义等。它们重点研究科学技术的社会效应和生态危机等问题。

20世纪90年代初以来,西方马克思主义研究主题又从哲学、文化问题转入政治、经济等现实问题;研究重心从对资本主义批判转入研究市场社会主义;前苏联、东欧正统马克思主义、新马克思主义以及西方马克思主义合流。它们的共同特征有:非正统性与现代化;开放性与多元化;超然性与学院化;多变性与片面化以及地域性和西方化。

西方马克思主义是20世纪具有国际性影响的西方社会思潮之

一口气读懂人文常识

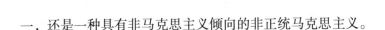

一，还是一种具有非马克思主义倾向的非正统马克思主义。

西方马克思主义主要人物有早期西方马克思主义的卢卡奇、柯尔施和葛兰西；法兰克福学派的霍克海默、阿多诺、本雅明、马尔库塞、哈贝马斯和施密特；弗洛伊德主义的马克思主义有赖希和弗洛姆；新实证主义的马克思主义有科莱蒂和德拉·沃尔佩；存在主义的马克思主义有列斐伏尔、梅洛·庞帝以及萨特；结构主义的马克思主义的阿尔都塞；分析马克思主义有柯亨，罗默以及 J·埃尔斯特；生态马克思主义有高兹，本·阿格尔，莱易斯以及佩珀；后马克思主义有埃尔斯托·拉克劳、詹托尔·穆佛以及雅克·德里达；后现代马克思主义是弗里德里克·詹姆逊。

生态社会主义有哪些代表作？

生态社会主义的英文名字叫 Eco-socialism，也叫生态马克思主义，是 20 世纪下半叶兴起的生态运动中形成的一个新思潮和新学派。生态社会主义独树一帜，想把生态学和马克思主义结合在一起，以马克思主义理论解释当代环境危机，从而为克服人类生存困境寻找一条既能消除生态危机，又可以实现社会主义的新道路。

生态社会主义的发展有 3 个历史阶段：

第一代的代表人物有鲁道夫·巴罗与亚当·沙夫为代表，被看作是"红色"（共产主义运动）的"绿化"，具有政治道路的典型特征是"从红到绿"。

第二代代表人物有威廉·莱易斯、本·阿格尔与安德列·高兹，以及苏联的一些学者。莱易斯在《对自然的统治》与《满足的极限》这两部著作中，阐述了他的生态社会主义基本观点：人对自然

一口气读懂人文常识

控制的加强，并不是转移与削弱了对人的统治，相反还加剧了对人的统治。这种意识形态所设定的目标是把全部自然当作满足人的永不知足的欲望的材料而占有，导致生产无限的扩张，最后结果将是人的自我毁灭。资本主义生产是以追求利润为目的，从而出现过度生产，造成生产力与资源的严重浪费，这就导致人的异化与生态危机。本·阿格尔的《论幸福和被毁灭的生活》和《西方马克思主义概论》是生态社会主义的代表作。安德列·高兹的《作为政治的生态学》和《资本主义，社会主义，生态学》是他在生态社会主义方面的代表作。苏联哲学家Э·B·基鲁索夫的《生态意识是社会和自然最优相互作用的条件》是这方面的书籍。

第三代的代表人物有乔治·拉比卡、瑞尼尔·格伦德曼以及大卫·佩珀等欧洲学者与左翼社会活动家。乔治·拉比卡发表《生态学与阶级斗争》研究全球生态危机和生态社会主义的关系问题。瑞尼尔·格伦德曼的著作是《马克思主义和生态学》。大卫·佩珀的代表作是《现代环境主义的根源》以及《生态主义——从深生态学到社会主义》等。

生态社会主义对生态危机的性质、根源、克服生态危机的手段、策略以及未来前景等根本问题上，他们的意见大体上是一致的。其中有认为资本主义制度是造成全球生态危机的根本原因；生态社会主义否定生态殖民主义，批判军国主义与霸权主义；生态社会主义提倡立足现实，"超越"马克思的经济危机理论；生态社会主义认为，摆脱生态危机的根本出路在于建立"稳态"的社会主义经济模式；在解决全球生态危机的手段与方式上，生态社会主义和生态主义的观点相同，也主张非暴力与基层民主的原则；生态社会主义提倡依靠生态运动、女权运动以及民权运动等社会运动的力量，同时也要和马克思主义的工人运动相结合，亦即把"绿色"和"红色"结合起来。

唯心主义有哪些哲学家？

唯心主义的英文名称是 Idealism，又叫唯心论，又译作理念论，在哲学中是同思想、心灵、语言以及事物等彼此之间关系的讨论及看法。唯心主义是哲学两大基本派别之一，是同唯物主义对立的理论体系。它的哲学主张是精神、意识第一性，物质第二性，也就是物质依赖意识而存在，物质是意识的产物的哲学派别。

唯心主义的基本类型有主观唯心主义和客观唯心主义。

主观唯心主义将个人的某种主观精神，比如感觉、经验、心灵、意识、观念以及意志等看作是世界上一切事物产生与存在的根源和基础，而世界上的一切事物就是由这些主观精神所派生的，是这些主观精神的显现。主观唯心主义者认为，主观的精神是本原的和第一性的，而客观世界的事物却是派生的和第二性的。客观唯心主义的观点是某种客观的精神与原则是先于物质世界，并独立于物质世界而存在的本体，而物质世界只不过是这种客观精神和原则的外化与表现，前者是本原的和第一性的，后者是派生的和第二性的。客观唯心主义说的客观精神与原则，实际上是把人的思维与一般概念加以绝对化的结果，是通过抽象思维将它们升华或蒸馏成不仅脱离人头脑，并且脱离或先于物质世界及具体事物而独立存在的实体，同时还将它们神化、偶像化，而陷入神秘主义的创世说以及宗教信仰主义。客观唯心主义是宗教的一种比较精致的形式，宗教就是客

观唯心主义的一种粗俗化的形式。

　　属于唯心主义的哲学家有苏格拉底、柏拉图、笛卡尔、马勒伯朗士、海林克斯、莱布尼茨、黑格尔、叔本华、斯宾塞、尼采和杜威。

有哪几位是现象学哲学家？

　　现象学的英文写法是 Phenomenology，20 世纪在西方流行的一种哲学思潮。狭义的现象学指 20 世纪西方哲学中德国犹太人哲学家 E·胡塞尔创立的哲学流派与重要学派。他的学说主要由胡塞尔本人和他早期追随者的哲学理论所构成。广义的现象学是这种哲学思潮，它的内容除胡塞尔哲学外，还有直接与间接受其影响而产生的种种哲学理论，和 20 世纪西方人文学科中所运用的现象学原则与方法的体系。

　　现象学是一种通过"直接的认识"描述现象的研究方法。它所说的现象既不是客观事物的表象，也不是客观存在的经验事实与马赫主义的"感觉材料"，而是一种"纯粹意识内的存有"。

　　现象学思潮，有 3 个阶段，即胡塞尔现象学时期的胡塞尔现象学、存在论现象学时期和综合研究时期的现象学。它的代表哲学家有胡塞尔、海德格尔、梅洛·庞蒂、法伯、肯恩斯、考夫曼、古尔维奇、舒茨、艾迪、伊迪、斯皮格伯格、泰美涅茨卡和纳汤森。

科学哲学有哪些流派？

　　科学哲学的英文是 Philosophy of Science。它是从哲学角度考察科学的一门学科。它把科学活动与科学理论作为研究对象，主要讨论

一口气读懂人文常识

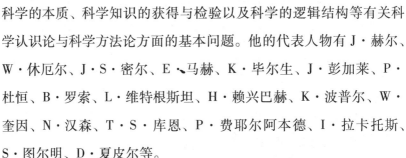

科学的本质、科学知识的获得与检验以及科学的逻辑结构等有关科学认识论与科学方法论方面的基本问题。他的代表人物有 J·赫尔、W·休厄尔、J·S·密尔、E、马赫、K·毕尔生、J·彭加莱、P·杜恒、B·罗索、L·维特根斯坦、H·赖兴巴赫、K·波普尔、W·奎因、N·汉森、T·S·库恩、P·费耶尔阿本德、I·拉卡托斯、S·图尔明、D·夏皮尔等。

它的主要观点是科学哲学研究的范围有科学的本质、科学的合理性、科学的研究活动、科学方法论、科学认识论、科学的逻辑结构以及科学发展的规律等等，因而它同哲学的许多学科例如形而上学、认识论与逻辑学有着密切的关系。

它的主要流派有：逻辑经验主义、证伪主义或批判理性主义、历史主义、科学实在论。

人学是什么学问？

人学也就是关于人的存在、本质和人的产生、运动、发展以及变化规律的新兴科学。人学首先以人自身为研究对象，并把人纳入自然界与宇宙之中予以通观。人是肉体与精神的物质辩证统一体。精神的实质就是物质。人同自然界物质存在形态在根本上是一致的。人和宇宙在本质上是同一的。人生的意义与价值存在于对他人、社会以及人类做出的贡献。正确的宇宙观、人生观、价值观、时空观与发展观的确立，将会使人走上真正彻底自由以及解放的道路。

人学，是横跨社会学、心理学以及人类学的边缘学科。是对人类的社会属性、生理、心理属性与综合特点和人的发生、发展变化规律，进行综合研究的科学。狭义人学是一门综合性的人文社会科

学，它主要把人性、人生意义和人的行为准则作为思考对象，是把人性论作为核心，包含人生观也就是人生价值论与行为准则论；人治论也就是自治的修养论与他治的政治论；人的社会理想论等的一个有机思想体系。

苏格拉底写书了吗？

苏格拉底（Σωκράτης；英译：Socrates；前470～前399），著名的古希腊哲学家，他与柏拉图、亚里士多德并称为"希腊三贤"。他被后人称为西方哲学的奠基者。

苏格拉底出生在雅典一个普通公民的家庭。苏格拉底以朴实的语言与人交谈。他具有平凡的容貌，生就扁平的鼻子，肥厚的嘴唇，凸出的眼睛，笨拙而矮小的身体与神圣的思想。

青少年时代，苏格拉底同父亲学过手艺，熟读荷马史诗和其他著名诗人的作品，靠自学成了一名很有学问的人。他以传授知识为生，30多岁时做了一名不取报酬也不设馆的社会道德教师。许多有钱人家以及穷人家的子弟常常聚集在他周围，跟他学习，向他请教。他的一生大部分是在室外度过的，他曾3次参战，40岁左右他成为雅典远近闻名的人物。苏格拉底一生过着艰苦的生活。只是专心致志地做学问。苏格拉底的学说具有神秘主义色彩。他认为，天上与地上各种事物的生存、发展以及毁灭都是神安排的，神是世界的主宰。他反对研究自然界，认为那是亵渎神灵的。他主张人们认识做人的道理，过有道德的生活。他的哲学主要研究探讨的是伦理道德问题。苏格拉底没有写过著作。他的行为以及学说，是由他的学生柏拉图以及克塞诺芬尼著作中的记载流传下来。

苏格拉底的两个导师是文法家普罗迪科斯和狄奥提玛，狄奥提玛教导了苏格拉底有关爱的知识。出于对国家与人民命运的关心，他开始研究人类本身，也就是研究人类的伦理问题，比如什么是正义等等。后人把苏格拉底的哲学叫作"伦理哲学"。他为哲学研究开创了一个新的领域，使哲学"从天上回到了人间"，在哲学史上具有伟大的意义。

苏格拉底的哲学思想有：第一，心灵的转向。苏格拉底要求作"心灵的转向"，把哲学从研究自然转到研究自我，也就是把哲学从天上拉回到人间。他认为对自然的真理的追求是无穷无尽的，感觉世界常变，因而得来的知识也是不确定的。苏格拉底想追求一种不变的、确定的以及永恒的真理，这就要返求于己，研究自我。第二，灵魂不灭说。苏格拉底的灵魂学说，使精神与物质的分化更加明朗起来。苏格拉底把灵魂看成是同物质有本质不同的精神实体。苏格拉底认为，事物的产生和灭亡，不过是某种东西的聚合与分散。他把精神和物质这样明确对立起来，是西方哲学史上唯心主义哲学的奠基人。第三，寻求事物的普遍定义。苏格拉底想在伦理问题上找到普遍真理，开始为事物寻求定义。他认为"意见"会有各种各样，"真理"却只能有一个；"真理"却是永恒的，不变的。第四，助产术和揭露矛盾的辩证法。苏格拉底认为一切知识，都从疑难中产生，愈求进步疑难愈多，疑难愈多进步愈大。还有教育思想以及伦理思想。

亚瑟·叔本华都影响了哪些人物？

叔本华出生在波兰但泽。他早年在英国与法国接受教育，能够

流利使用英语、意大利语以及西班牙语等欧洲语言与拉丁语等古代语言。1809 年他进入哥廷根大学攻读医学，但把兴趣转移到了哲学，1811 年他以《论充足理由律的四重根》获得了博士学位。

1814～1819 年间，叔本华完成了代表作品《作为意志和表象的世界》，是将东方与西方思想融合的首部作品。1841 年出版了《论意志的自由》与《论道德的基础》。1851 年，他写成的《附录与补遗》使他瞬间成为名人。

其主要著作有《论充足理由律的四重根》、《论视觉和颜色》、《作为意志和表象的世界》、《论大自然的意志》、《论意志的自由》、《论道德的基础》、《附录与补遗》等。

他的哲学成就有《论充足理由律的四重根》中的充足理由律和四重根、对康德哲学的批判、作为意志和表象的世界、美学、伦理学、论利己、论恶毒、论同情、人的性格和同情的起源、悲观主义和禁欲主义、论命运、论死亡、论教育、论宗教以及批判等。

叔本华的悲观主义、形而上学以及美学影响了哲学、艺术以及心理学诸多方面。受到他影响的著名人物：哲学家有尼采、萨特、维特根斯坦、柏格森、波普尔和霍克海默；心理学家有弗洛伊德和荣格；作家有托尔斯泰、莫泊桑、托马斯曼、贝克特和斯韦沃；艺术家有萧伯纳、瓦格纳以及马勒；科学家有爱因斯坦、薛定谔以及达尔文。

黑格尔认为世界的本质是什么？

格奥尔格·威廉·弗里德里希·黑格尔（Georg Wilhelm Friedrich Hegel，1770～1831），是德国哲学家，出生在今天德国西南

部符腾堡州首府斯图加特。18 岁时，他进入图宾根大学学习，1790
年入图宾根神学院学习，同时，被斯宾诺莎、康德以及卢梭等人的
著作与法国大革命深深吸引。1801 年，30 岁的黑格尔任教于耶拿大
学。直到 1829 年，他担任柏林大学校长，其哲学思想才最终被定为
普鲁士国家的钦定学说。1831 年他在德国柏林去世。

　　黑格尔将绝对精神当成世界的本原。绝对精神并不是超越于世
界之上的东西，自然、人类社会以及人的精神现象都是它在不同发
展阶段上的表现形式。因此，事物的更替、发展以及永恒的生命过
程，就是绝对精神本身。黑格尔哲学的任务与目的，就是要展示通
过自然、社会以及思维体现出来的绝对精神，揭示它的发展过程和
规律性，实际上是在探讨思维和存在的辩证关系，在唯心主义基础
上揭示二者的辩证统一。他的哲学的基本的出发点是唯心主义的思
维和存在同一论，精神运动的辩证法和发展过程的正反合三段式。
认为思维与存在统一于绝对精神，绝对精神是一个独立主体，是万
事万物的本原和基础，他的哲学由逻辑学、自然哲学以及精神哲学
三个部分构成。他提出了社会政治、伦理、历史以及美学等方面的
观点与主张，并想找出贯穿在历史各方面的发展线索。在美学上，
提出"美就是理念的感性显现"；强调艺术和人生重大问题的密切联
系，理性的内容对艺术的重要意义。黑格尔在论述每一个概念、事
物与整个体系的发展中自始至终都贯彻了这种辩证法的原则。这是
人类思想史上最惊人的大胆思考之一。黑格尔哲学是马克思主义哲
学的来源之一。

　　黑格尔的第一部作品就是《精神现象学》。他的作品还有《哲
学全书》、《逻辑学》以及《法哲学原理》。另外还有历史哲学、宗

一口气读懂人文常识

32

教哲学、美学以及哲学史的著作则是在他去世后，根据他当年演讲时学生所做的笔记汇编而成。

黑格尔的著作，覆盖面非常深广，享有盛誉。他建立了一个庞大的体系来理解哲学的历史与我们身处的世界本身。黑格尔对人类社会抱有一种有组织性与目的论的观念，他的著作语言丰富而难懂，使现代读者非常迷惑。他的观念与存在主义哲学和个人权利的观念也正相反。黑格尔的辩证法有三个阶段："正题"、"反题"以及"合题"。黑格尔用这种辩证法体系解释哲学、科学、艺术、政治与宗教的历史。

黑格尔的思想象征着了 19 世纪德国唯心主义哲学运动的顶峰，对后世哲学流派比如存在主义以及马克思的历史唯物主义都产生了深远的影响。由于黑格尔的政治思想包括自由主义和保守主义两者之要义，因此，他的哲学为自由主义提供了一条新的出路。

黑格尔保持着历史意义上的重要地位，他的一生没有多少重大事件。在青年时代，他热衷神秘主义，藐视普鲁士，景仰拿破仑；他晚年是一个普鲁士爱国者，是国家的忠仆，并且安享公认的哲学声望。

康德是德国古典哲学的创始人吗？

伊曼努尔·康德（Immanuel Kant，1724～1804），是德国哲学家，天文学家，星云说的创立者之一，德国古典哲学的创始人，唯心主义者，不可知论者，德国古典美学的奠定者。

伊曼努尔·康德生在 1724 年 4 月 22 日，1740 年在哥尼斯贝格大学学习。从 1746 年起，他任家庭教师 9 年。1755 年康德完成大学

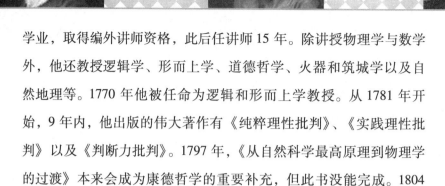

学业，取得编外讲师资格，此后任讲师 15 年。除讲授物理学与数学外，他还教授逻辑学、形而上学、道德哲学、火器和筑城学以及自然地理等。1770 年他被任命为逻辑和形而上学教授。从 1781 年开始，9 年内，他出版的伟大著作有《纯粹理性批判》、《实践理性批判》以及《判断力批判》。1797 年，《从自然科学最高原理到物理学的过渡》本来会成为康德哲学的重要补充，但此书没能完成。1804 年 2 月 12 日康德病逝。

死后的康德很快就成为人类思想天空里的一颗巨星，当代德国著名哲学家、现代存在主义哲学奠基人卡尔·雅斯贝斯把康德和柏拉图以及奥古斯汀并列称为三大"永不休止的哲学奠基人"。

康德的"三大批判"是："纯粹理性批判"、"实践理性批判"以及"判断力批判"。它们构成了他的伟大哲学体系。"纯粹理性批判"的问题是：我们能知道什么？康德的答案是：我们只能知道的是自然科学，它是让我们认识到的东西。康德 1788 年发表的《实践理性批判》的问题是伦理学的问题：我们应该怎样做？简单化地说，康德告诉我们说：我们要尽我们的义务。"判断力批判"的问题是：我们能抱有什么希望？康德的答案是：如果要真正能做到有道德，我就必须假设有上帝的存在，假设生命结束后并不是一切都结束了。

1795 年出版的《论永久和平》的书中提出了世界公民、世界联邦以及不干涉内政的主权国家原则等具有现实意义的构想。

笛卡尔是现代哲学之父吗？

勒奈·笛卡尔（Rene Descartes），1596 年 3 月 31 日生在法国都兰城。笛卡尔是伟大的哲学家、物理学家、数学家和生理学家，解

析几何的创始人。

1606 年他在耶稣会的拉弗莱什学校上学，1616 年在普依托大学学习法律和医学。1629～1649 年他在荷兰写成《方法谈》和《几何学》、《屈光学》、《哲学原理》。1650 年笛卡尔死在斯德哥尔摩，死后还出版有《论光》等。

笛卡尔在科学上的贡献是多方面的。他的哲学思想与方法论，在他的一生活动中则占有更重要的地位。他的哲学思想对后来的哲学以及科学的发展产生了极大的影响。

笛卡尔主张科学的目的是造福人类，使人成为自然界的主人以及统治者。他反对经院哲学与神学，提出怀疑一切的"系统怀疑的方法"。但他还提出了"我思故我在"的原则，主张不能怀疑独立的精神实体的存在，还论证独立物质实体的存在。他是典型的二元论者。笛卡儿还想证明无限实体，也就是上帝的存在。在他看来，上帝是有限实体的创造者与终极的原因。笛卡儿的认识论基本上是唯心主义的。他主张唯理论，把几何学的推理方法与演绎法应用到哲学上，认为清晰明白的概念就是真理，提出"天赋观念"。他最著名的思想就是"我思故我在"。这句被笛卡儿当成自己的哲学体系的出发点的名言，在过去的东欧与现在的中国学界都被认为是极端主观唯心主义的总代表，而遭到严厉的批判。

笛卡尔在物理学方面做出了有益的贡献。1619 年，笛卡儿从理论与实践两方面参与了对光的本质、反射和折射率以及磨制透镜的研究。他将光的理论视为整个知识体系中最重要的部分。

笛卡尔将他的机械论观点应用到天体，发展了宇宙演化论，得出了他关于宇宙发生与构造的学说。他创立了漩涡说。他认为太阳

一口气读懂人文常识

的周围有巨大的漩涡，带动着行星不停运转。物质的质点处在统一的漩涡之中，在运动中分化出土、空气与火三种元素，土形成行星，火就形成太阳一级恒星。

笛卡尔在数学方面最杰出的成就是创立了解析几何学。1637年，在创立了坐标系后，笛卡尔成功地创立了解析几何学。这个成就为微积分的创立奠定了基础。解析几何直到现在还是重要的数学方法之一。同在1637年，他的著作《正确思维和发现科学真理的方法论》出版，通常简称为《方法论》。

笛卡尔在哲学上是二元论者，并把上帝看作造物主。但笛卡尔在自然科学上是一个机械论者。笛卡尔是欧洲近代哲学的奠基人之一，黑格尔称他为"现代哲学之父"。笛卡尔是17世纪及其后的欧洲哲学界与科学界最有影响的巨匠之一，被誉为"近代科学的始祖"。

斯宾诺莎的真观念是什么？

斯宾诺莎（Baruch Spinoza，1632～1677），荷兰哲学家，是西方近代哲学史重要的理性主义者，与笛卡尔、莱布尼茨齐名。他出生在阿姆斯特丹的一个犹太商人家庭。斯宾诺莎在犹太神学校学习希伯来文、犹太法典和中世纪的犹太哲学等。他于1677年去世，年仅45岁。

哲学上，斯宾诺莎是一元论者和泛神论者。他的观点是宇宙间只有一种实体，那就是作为整体的宇宙本身，而上帝与宇宙就是一回事。斯宾诺莎的上帝不仅仅是物质世界，还是精神世界。他认为人的智慧是上帝智慧的组成部分。斯宾诺莎还认为上帝是每件事的

一口气读懂人文常识

36

"内在因"，上帝通过自然法则来主宰世界，在物质世界中发生的每一件事都有必然性；世界上仅有上帝是拥有完全自由的，而人虽能试图去除外在的束缚，但永远无法获得自由意志。

斯宾诺莎提出以实体、属性和样式为中心的自由论唯物主义世界观，具有一定的唯物主义观点，并披上泛神论的外衣，同时还具有丰富的辩证法因素。认为自然界的一切都是必然的，认为"必然性的认识"就是自由。他认为感性知识不可靠，只有通过理性的直觉和推理才能得到真正可靠的知识，是唯物主义唯理论的主要代表之一。

斯宾诺莎认为，一个人只要与上帝达成一致，人们就不再受制于这种影响，就能获得相对的自由，也因此摆脱恐惧。斯宾诺莎还认为无知是一切罪恶的根源。

斯宾诺莎的哲学体系对以后17世纪的科学运动的意义在于其决定论的解释，为此后的科学一体化提供了蓝图。他对后来的哲学家，比如费尔巴哈与马克思等人都有过影响。

斯宾诺莎哲学的目的是证实思想的真理性并获得自由，条件是放弃世俗的东西获得思想的自由，方法是对真理标准的重新确定，也就是真观念。他把知识分为传闻的知识，经验的知识，理性的知识以及直观的知识四种，还认为直观的知识是最可靠的，就是真观念。他克服了笛卡尔的二元论，认为思维与广延是上帝实体的两个属性并各有各的样式。

斯宾诺莎的著作有《几何伦理学》（简称《伦理学》）、《神学政治论》、《政治论》、《哲学原理》、《理智改进论》以及《神、人及其幸福简论》等。

莱布尼茨是中西文化交流的倡导者吗?

戈特弗里德·威廉·凡·莱布尼茨（Gottfriend Wilhelm von Leibniz, 1646～1716）德国最重要的自然科学家、数学家、物理学家、历史学家以及哲学家，他是一个举世罕见的科学天才，与牛顿同是微积分的创建人。他对丰富人类的科学知识宝库做出了不可磨灭的贡献。

公元 1646 年 7 月 1 日，戈特弗里德·威廉·凡·莱布尼茨出生在德国东部莱比锡的一个书香之家。莱布尼茨广泛接触古希腊罗马文化，阅读了许多著名学者的著作，由此而获得了坚实的文化功底与明确的学术目标。8 岁时，他进入尼古拉学校，学习拉丁文、希腊文、修词学、算术、逻辑、音乐和《圣经》以及路德教义等。1661年，他进入莱比锡大学学习法律，还学习哲学与科学。1663 年，他获学士学位。1664 年，莱布尼茨获哲学硕士学位。1665 年，莱布尼茨完成了博士论文《论身份》，1667 年，阿尔特多夫大学授予他法学博士学位，还聘任他为法学教授。接着莱布尼茨发表了他的第一篇数学论文《论组合的艺术》。1667 年，通过朋友结识了政界人物博因堡男爵约翰·克里斯蒂文，从此莱布尼茨登上了政治舞台，就投身外交界。1672 年，他还研究了笛卡尔、费尔马以及帕斯卡等人的著作，开始创造性的工作。1673 年就被推荐为英国皇家学会会员。这一时期，他的兴趣表现在数学和自然科学方面。

1676 年，莱布尼茨前往荷兰和海牙，见到了使用显微镜第一次观察了细菌、原生动物与精子的生物学家列文虎克和斯宾诺莎。1677 年，莱布尼茨在汉诺威定居。公元 1716 年，莱布尼茨离开了人世，终年 70 岁。

一口气读懂人文常识

他的成就有：在高等数学上始创微积分；制造了计算机；哲学上的贡献是提出了单子论；此外，他还是中西文化交流的倡导者。

尼采是西方现代哲学的开创者吗？

弗里德里希·威廉·尼采（Friedrich Wilhelm Nietzsche, 1844 ~ 1900）是德国著名哲学家、西方现代哲学的开创者，同时也是卓越的诗人与散文家。

1844 年，尼采出生在普鲁士萨克森州勒肯镇附近洛肯村的一个乡村牧师家庭。

1849 年 7 月，父亲死于脑软化症。弟弟又夭折。当时尼采才 5 岁，亲人的死亡，让这个天性敏感的孩子过早地领略了人生的阴暗面，导致了他忧郁内向的性格。第二年，尼采同家人迁居瑙姆堡，从此就生长在一个完全女性的家庭里。波兰贵族家族史对尼采的贵族情结的形成产生了影响。10 岁时他进入瑙姆堡文科中学，对文学和音乐极感兴趣。14 岁时，进入普夫达中学。1861 年尼采患严重疾病，被送回家休养。

1864 年，尼采进入波恩大学攻读神学与古典语言学，但第一学期结束，就不再学习神学了。他是一名诗人，需要激情、超常以及具有神秘性的东西，他不再满足于科学世界的清晰和冷静。尼采在修养与气质上更像是一名贵族，所以他不会对有节制的欢乐与痛苦这样一种可怜的生活理想感兴趣。他热爱希腊诗人，崇尚希腊神话中各种具有鲜明特点的人物，并将他们巧妙地和德意志的民族精神结合起来。尼采还在校学习时就深深体会到精通与弘扬本国、本民族文化的重要性。1865 年，他已经开始哲学沉思了。

　　1868 年秋，尼采在莱比锡认识了音乐大师瓦格纳，两人谈论叔本华哲学。随后，瓦格纳与妻子成为尼采在艺术和理智方面的良师益友。1869 年，年仅 25 岁的尼采成为瑞士巴塞尔大学古典语言学教授。1869 年，尼采获得了瑞士国籍。1872 年，他发表了第一部专著《悲剧的诞生》和《不合时宜的思考》的第一部，发表后引来了一片狂热的喝彩声。1879 年，尼采进入了创作的黄金时期。1883 ~ 1885 年，他写了《查拉图斯特拉如是说》。1886 ~ 1887 年，尼采把将浪迹天涯时写下的箴言、警句以及辞条汇集起来，组成了两个集子：《善恶的彼岸》与《道德的系谱》。在尼采发疯的前夜写了《瓦格纳事件》、《偶像的黄昏》、《反基督徒》、《看那这人》以及《尼采反驳华格纳》等书。1900 年 8 月 25 日，他在魏玛与世长辞，享年 55 岁。

　　他的主要著作有：《悲剧的诞生》、《希腊悲剧时代的哲学》、《不合时宜的考察》、《自白者和作家大卫·斯特劳斯》、《历史之用途与滥用》、《教育家的叔本华》、《尼采论叔本华》、《古修辞学描述》、《瓦格纳在拜洛伊特》、《人性，太人性的》、《朝霞》、《快乐的知识》、《乐观的智慧》、《敌基督者》、《查拉图斯特拉如是说》、《善与恶的超越》、《道德的谱系》、《瓦格纳事件》、《偶像的黄昏》、《上帝之死》、《上帝死了》、《尼采自传》、《看哪！这人》、《尼采的人生》、《权力意志》、《权力意志——重估一切价值的尝试》、《尼采诗抄》、《尼采诗选》、《快乐的智慧》和《我妹妹与我》。

　　尼采哲学，当时曾经被当作一种"行动哲学"，一种声称要使个人的要求与欲望得到最大限度的发挥的哲学。他的哲学有傲视一切和批判一切的气势。这正是他的哲学被后现代主义欣赏的重要原因。

一口气读懂人文常识

因此，尼采成了后现代主义的理论先驱。他的哲学不用推理论证，没有体系框架，根本不是什么理论体系，是他对人生痛苦和欢乐的直接感悟。尼采批判现代文明、猛烈地揭露与批判传统的基督教道德与现代理性。在尼采看来，在没有上帝的世界里，人们获得了空前的机会，必须建立新的价值观，以人的意志为中心的价值观。尼采建立新的哲学是把生命意志放到理性之上的哲学，非理性的哲学。他提出了强力意志说。强力意志说的核心是肯定生命和肯定人生。它决定生命的本质，决定着人生的意义。尼采认为，强力意志来源于生命，归于生命，它就是现实的人生。人生具有强力意志和创造意志，只要成为精神上的强者，就能实现自己的价值。强力意志是最高的价值尺度，在肯定了人生的价值的同时，又为人世间的不平等作了辩护。尼采还提出他的超人哲学，是建构理想人生的哲学。尼采鼓吹人生的目的在于实现权力意志，扩张自我，成为驾驭一切的超人。

尼采的著作对后世的影响是巨大的。他的思想具有一种无比强大的冲击力，它颠覆了西方的基督教道德思想与传统的价值，揭示了在上帝死后人类面临的精神危机。20世纪初的整整一代思想家以及艺术家都在尼采的著作中找到了那些激发了他们富于创造性的作品的观念与意象。雅斯贝尔斯、萨特、海德格尔、福柯以及德里达等等都是深受尼采思想影响的哲学家，而直接受他影响的文学家同样数不胜数：茨威格、托马斯·曼、肖伯纳、黑塞、里尔克、纪德以及鲁迅。

卡尔·马克思什么时候去世的？

卡尔·海因里希·马克思（Karl Marx 1818~1883），德国犹太

人，出生在德国特利尔城，逝世在英国伦敦。他是伟大的哲学家、革命理论家、经济学家和政治家，还是马克思主义的创始人以及《资本论》和《共产党宣言》的作者。

马克思从小勤奋好学，善于独立思考。1830年，他进入特利尔中学。1835年，马克思到波恩大学去学习法律。不久，转到柏林大学。1836年，马克思转到柏林大学学习。在柏林大学学习过程中，他加入了"青年黑格尔派"。马克思对哲学、历史学、文学、数学和外语等十分感兴趣。1841年，马克思被耶拿大学授予博士学位。大学毕业后，马克思成为《莱茵报》编辑。

1842年，马克思任资产阶级民主派的报纸《莱茵报》编辑。1843年，从4月1日起查封《莱茵报》，马克思退出编辑部。1843年5月，和燕妮·冯·威斯特华伦结婚。写了《黑格尔法哲学批判》。1843年10月到巴黎，与A·卢格筹办《德法年鉴》杂志。1844年在《德法年鉴》上发表《论犹太人问题》与《〈黑格尔法哲学批判〉导言》两篇文章。

1844年，他着重研究政治经济学，提出劳动异化思想。1844年8月，F·恩格斯来到巴黎见到马克思。从此他们开始合作，合写了《神圣家族》。1845年1月，写了《关于费尔巴哈的提纲》。1845～1846年他和恩格斯合写《德意志意识形态》，第一次系统地阐述了唯物史观。这一伟大发现揭开人类历史发展之谜，为科学共产主义奠立牢固的哲学基础。1846年初，马克思同恩格斯建立布鲁塞尔共产主义通讯委员会。1847年初，马克思同恩格斯应邀参加正义者同盟。1847年6月同盟更名为共产主义者同盟。马克思担任共产主义者同盟布鲁塞尔区部领导人。同年11月，他与恩格斯受大会委托起

草同盟的纲领，这就是1848年2月正式发表的《共产党宣言》，是科学共产主义的第一个纲领性文件。其后，马克思参加1848年革命并总结革命经验。1848年资产阶级革命席卷欧洲大陆。3月初，马克思到了巴黎。他在巴黎建立新的中央委员会，成为主席。马克思与恩格斯拟定《共产党在德国的要求》。4月初，他们返回德国，直接参加革命。6月共同筹办的《新莱茵报》问世，马克思是总编辑。《新莱茵报》在1849年被迫停刊。马克思在6月初离开德国到巴黎。8月24日到伦敦，马克思重建共产主义者同盟的地方组织以及中央委员会。1850～1852年，马克思同恩格斯把主要精力用在总结1848年革命的经验，为此创办《新莱茵报·政治经济评论》杂志。马克思写了《1848年至1850年的法兰西阶级斗争》、《路易·波拿巴的雾月十八日》等著作。从1851年到1862年，马克思同恩格斯为《纽约每日论坛报》写了500多篇文章。经过他在50年代到60年代辛勤劳动，创立了马克思主义政治经济学的科学体系，完成了政治经济学领域的伟大变革。1857～1858年，马克思写了《政治经济学批判大纲（草稿）》。1858年写了《政治经济学批判》一书。从1861年到1863年，他还写了一个新手稿，就是《1861～1863年经济学手稿》。1867年，《资本论》第一卷问世。第二卷以及第三卷由于他过早逝世未能最终完成，后经恩格斯整理与增补完成。《资本论》的完成，标志着马克思主义政治经济学科学体系的创立。1864年马克思参加了第一国际成立大会，被选入领导委员会，还为国际起草《成立宣言》、《临时章程》以及其他重要文件。1871年马克思在巴黎建立巴黎公社，还写了《法兰西内战》。1872年，马克思同恩格斯不再参加国际的领导工作，但他们继续为国际的事业奋斗。

晚年的马克思抱病完成《对德国工人党纲领的几点意见》，通称《哥达纲领批判》。1883 年 3 月 14 日马克思逝世，葬在伦敦海格特公墓。马克思的著作被收录在《马克思恩格斯全集》中。

弗洛伊德是哪个学派的创立者？

弗洛伊德（Freud Sigmund，1856～1939），他是奥地利精神病医生和精神分析学派的创始人。1856 年 5 月 6 日出生在摩拉维亚，1939 年 9 月 23 日在英国去世。1873 年他在维也纳大学学习，1881年获医学博士学位。他在求学期间，看到 J·布罗伊尔医生运用催眠法治疗癔病。又在 1885～1886 年间就学于 J·M·夏尔科，深信神经症能通过心理治疗而奏效。他曾用催眠治病，后始创精神分析疗法。

在他看来，被压抑的欲望绝大部分是属于性的，性的扰乱才是精神病的根本原因。1897 年，他提出了恋母情结，也就是仇父恋母的情绪倾向。写了《性学三论》、《梦的释义》、《图腾与禁忌》、《日常生活的心理病理学》、《精神分析引论》以及《精神分析引论新编》等。

弗洛伊德对心理学做出了重大贡献。他主张人的行为中的无意识思维过程极为重要。他系统地论述了人的个性结构学说，还发展并普及了一些心理学学说，如有关焦虑、防御功能、阉割情绪、抑制以及升华等。他有创立新学说的杰出才赋，是一位先驱者、带路人。他是人类思想史上的一位非常伟大的人物。他的心理学观点让我们对人类思想的观念发生了彻底的革命，他提出的概念与术语已被普遍使用——比如，本我、自我、超我、恋母情绪以及死亡冲动。弗洛伊德的精神分析理论包括精神层次理论、人格结构理论、性本

能理论、释梦理论和心理防御机制理论。

弗洛伊德终生从事著作与临床治疗。他的思想极为深刻，探讨问题中，往往引述历代文学、历史、医学、哲学以及宗教等材料。他思考敏锐、分析精细、推断循回递进、构思步步趋入，揭示出人们心灵的底层，这就是精神分析的内容极其丰富的根源。

其主要著作有：《歇斯底里研究》、《梦的解析》、《日常生活中的心理病理学》、《多拉的分析》、《玩笑及其与无意识的关系》、《性学三论》、《精神分析运动史》、《列奥纳多·达·芬奇和他对童年时代的一次回忆》、《图腾与禁忌》、《论无意识》、《超越唯乐原则》、《群体心理学与自我的分析》、《自我与本我》、《焦虑问题》、《幻想的未来》、《自我和防御机制》和《摩西与一神教》。

达尔文有哪些著作？

查尔斯·罗伯特·达尔文（1809～1882）：英国博物学家，进化论的奠基人。1809年2月12日，查理斯·达尔文诞生在英国的一个小城镇。

1825年，达尔文16岁时到爱丁堡大学学医。他经常到野外采集动植物标本，还对自然历史产生了浓厚的兴趣。1828年，他到剑桥大学，改学神学。在剑桥期间，达尔文结识了当时著名的植物学家J·亨斯洛与著名地质学家席基威克，还接受了植物学与地质学研究的科学训练。

1831年，在剑桥大学毕业后，他以"博物学家"的身份参加科学考察航行。先在南美洲东海岸的巴西和阿根廷等地和西海岸及相邻的岛屿上考察，然后跨太平洋到大洋洲，接着，越过印度洋到达

一口气读懂人文常识

45

南非，然后，绕好望角经大西洋回到巴西，最后在 1836 年 10 月 2 日返回英国。

达尔文在动植物与地质方面进行了大量的观察以及采集，经过综合探讨，形成了生物进化的概念。1859 年出版了震动当时学术界的《物种起源》。书中用大量资料证明了各种的生物都不是上帝创造的，而是在遗传、变异以及生存斗争中与自然选择中，由简单到复杂，由低等到高等，不断发展变化的，提出了生物进化论学说，从而摧毁了各种唯心的神造论以及物种不变论。恩格斯将"进化论"列为 19 世纪自然科学的三大发现之一，

他所提出的天择和性择，在目前的生命科学中是一致通用的理论。除了生物学之外，他的理论对人类学、心理学以及哲学来说也相当重要。

达尔文的主要著作有：《物种起源》、《动物和植物在家养下的变异》、《人类的由来和性选择》、《人类和动物的表情》。

人文政治篇

政治是什么?

政治是上层建筑领域中各种权力主体维护自身利益的特定行为和由此结成的特定关系。政治对社会生活各个方面都有重大影响和作用。政治是国家的活动，是治理国家，是夺取与保存权力的行为。政治是权力斗争，也是人际关系中的权力现象。政治是人们在安排公共事务中表达个人意志与利益的一种活动，政治的目标是制定政策，处理公共事务，亦可认为政治是制定与执行政策的过程。政治是一种社会的利益关系，是对社会价值的权威性分配。

主要表现是统治行为、管理行为、参与行为、斗争行为、领导行为、反政府行为、权威性影响以及权力竞争等。这些行为的共同特点就是以利益为中心，具有不同程度的强制性、支配性以及相互斗争性。政治作为权力主体之间的关系，主要表现是统治和被统治的关系、管理和参与的关系、权威和服从的关系、相互斗争的关系等。

民族主义指的是什么?

"民族主义"，简单地说，就是把自我民族作为政治、经济、文化的主体而放到最高价值观考虑的思想和运动。民族主义是一种思想状态。民族主义一般被用来表示个人、群体或者一个民族内部成员的一种意识，它是增进自我民族的力量、自由以及财富的一种愿望。民族主义是一种意识形态运动，目的是为一个社会群体谋取和维持自治及个性。

民族主义，又叫国族主义或者国家主义，民族主义还特指民族

独立运动之意识型态，也就是用民族的名义作出文化和政治主张。民族主义者的准则可包含共同的语言、文化和价值取向。

民族主义用民族特色看待人类活动。各民族有自己民族表征、民族特色、民族文化、民族音乐、民族文学以及民俗，有的还带有民族宗教。个人是民族中的一员，共享民族性价值体系和民族认同，敬佩民族英雄，食用民族性菜肴，从事民族性运动。

民族主义的种类有：公民民族主义，是国家由公民主动参与，产生"全民意志"而取得法统的民族主义形式，这个观点一般认为源于卢梭。种族民族主义，是用种族来定义民族。种族用先人的血缘世系作为要素，还包含群体成员和他的祖先之间文化共享、语言共享的观念。浪漫民族主义，还叫有机民族主义和身份认同民族主义，也是种族民族主义的一种。这个民族反映浪漫主义的理想，反对理性主义，强调符合浪漫理想的种族文化，民俗发展是浪漫的民族主义概念。文化民族主义，用共享的文化来定义民族主义。作为民族一员的身份既不是自愿，也不是遗传。中国民族主义是文化民族主义之一种。宗教民族主义，用共同的宗教来定义民族。有些种族民族主义和文化民族主义在若干方面有宗教特征。海外民族主义，通常指感觉流离失所的民族主义者。

男权主义是些什么内容？

男权主义的英文名字是 Patriarchy，它就是指男子在家庭、社会中的支配性特权。男性中心是指：注意的中心在于男性及其活动。男权制就是将男性身体与生活模式看成正式与理想的社会组织形式。

男权主义包含：第一，男性统治。在一个社会中，无论在政治、

经济、法律、宗教、教育、军事以及家庭领域中，所有权威的位置都是男性的。第二，男性认同。核心文化观念关于什么是好的、值得向往的、值得追求的和正常的，总是同男性与男性气质理想联系在一起的。第三，将女性客体化。在男性事务与交易中把女性用作客体。限制或者阻碍女性的创造力。不让女性接触社会知识以及文化成就的很多领域。第四，男权制的思维模式。其中有两分思维，也就是非此即彼的思考方式，将所有的事物分为黑白两极，忽略中间状态；线性思维，即时间与历史都依线性前进，忽略了循环；等级思维，即忽略了只是不同没有高低之分的事物；崇尚直线发展型模式：认为现在永远优于过去。

社会的进化与选择自有规律，如果采取社会行动、革命或改变社会秩序的行动，就会打断进化进程，造成社会的不平衡。

共产主义是什么？

共产主义的英文名字是 Communism，法文名字是 le Communisme，它是推动建立一个以全体社会成员共同占有生产资料为基础的无阶级与国家的社会经济体系的学说。在工业革命和法国大革命之后壮大。共产主义的目的是为了解决资本主义经济内在矛盾与帝国主义、殖民主义遗产的出路。科学的共产主义，是在现代工业与世界市场的基础上建立起来的。从马克思主义开始产生了科学共产主义，它的主要形式还有基于马克思主义的列宁主义、托洛茨基主义和卢森堡主义等。卡尔·马克思被称为"共产主义之父"。

它的宗旨是实现同资产者利益相反的无产者的利益；用消灭私

一口气读懂人文常识

有制而代之以财产公有的手段来实现这一点；除了进行暴力的民主的革命以外，不承认有实现这些目的的其他手段。

"共产主义社会将是古代氏族社会自由、平等、博爱的精神在更高物质基础上的回归。人类将真正掌握自己的命运，从必然世界走向自由世界。共产主义的本质就是人的自由全面的发展"。

什么叫理想主义？

现代国际关系学上的理想主义又叫法理主义或者规范主义，产生在第一次世界大战以后，是对格劳秀斯以及康德等理想主义外事哲学传统的直接继承与发展。它的代表人物是美国第 28 任总统威尔逊。1889 年，威氏发表了《国家论》，提出要让国家与世界民主化，国与国之间的关系要实现道德理想。1918 年，他制定了 14 点和平计划，比如公开外交、集体安全、国际法律以及民族自决等等，被叫做"威尔逊主义"。

理想主义的理论前提是道义与法律，它主张实现欧洲政治上的民族自决是消除战争的主要条件；秘密外交是导致敌对结盟与冲突的根源，而公开的协议则是避免战争的途径；摒弃传统的均势体系，而采用集体安全体系；建立普遍的安全机构也就是国际联盟；强调公众舆论，因为公众舆论是维持世界秩序的强大武器；重视人的价值，认为人性本善，可通过建立以及巩固国际合作实现人性善良的一面，人类在进步过程中就可以逐步消除战争思想。

理想主义对社会的认知和宣扬常常导致乌托邦主义。理想主义社会是人类思想意识中最美好的社会，空想社会主义社会提倡美好，人人平等以及没有压迫，就像世外桃源一样。体现着人类对美好事

物和社会的憧憬。

自由主义有哪些代表？

自由主义是一种意识形态和哲学，它的英文写法是 Liberalism，它是以自由作为主要政治价值的一系列思想流派的集合。更广泛的，自由主义是追求保护个人思想自由的社会、用法律限制政府对权力的运用、保障自由贸易的观念、支持私人企业的市场经济以及透明的政治体制来保障少数人的权利。在现代社会，自由主义者支持用共和制与君主立宪制作为架构的自由民主制，有着开放而公平的选举制度，使所有公民都有平等的权利担任政务。自由主义的基本人权主张是生命的权利、自由的权利以及财产的权利。

政治自由主义的观点是个人是社会与法律的基础，社会与制度的存在就是为了推进个人的目标，而不会偏袒拥有较高社会地位者。

文化自由主义看重个人在道德观与生活方式上的权利，主要有性自由、信仰自由和认知自由等议题，还保护个人免受政府侵犯自己的私人生活。不过，在自由主义里也出现了一些有明显差异的主张。

经济自由主义是一种支持个人财产与契约自由权利的意识形态。其中小政府主义以及无政府资本主义都是经济自由主义的形式。社会自由主义又叫改良自由主义或者新自由主义。

自由主义的代表：约翰·洛克、孟德斯鸠、扎伊尔·让·巴蒂斯特、德斯蒂·德·特拉西、卢梭、伏尔泰、安德斯·屈德纽斯、本杰明·富兰克林、托马斯·杰弗逊、大卫·休谟、亚当·斯密、伊曼努尔·康德、约翰·杜威、约翰·梅纳德·凯恩斯、富兰克

林·德拉诺·罗斯福、布连塔诺、约翰·梅纳德·凯恩斯、霍布豪、哈耶克、米尔顿·佛利民以及路德维希·冯·米塞斯。

什么叫社会主义？

社会主义的英文写法是 Socialism，德语是 Sozialismus，法语是 socialisme，俄文是 социализм。"社会主义"一词来源于拉丁文，原来的意思是社会的、共同的以及集体的生活。最早使用的是德国神学家以及天主教本笃派教士安塞尔姆·德辛将遵循自然规律的人叫做社会主义者。后来空想社会主义者用来表达他们不满资本社会主义中的个人主义，想要实现的集体主义理想。恩格斯曾指出："在 1847 年，社会主义是资产阶级的运动，而共产主义是工人阶级的运动。"

社会主义通常是指科学社会主义，是关于无产阶级解放条件的学说，也就是关于消灭一切阶级，实现共产主义的一般规律的科学。19 世纪 70 年代，"社会主义"一词在中国书刊中出现。梁启超是第一个把社会主义学说介绍到中国来的人，李大钊是第一位在中国传播科学社会主义学说的人。

世界社会主义影响最为深远的有科学社会主义、民主社会主义、国家社会主义。科学社会主义就是共产主义。科学的共产主义，是在现代工业与世界市场的基础上建立起来的。政治制度包括普选权和委员会制度、公社议会、改造专政机关以及废除官僚制度；经济制度包括工人合作社、劳动保障、减免债务；文化和社会制度：政教分离以及教育改革。

现在是社会主义制度的国家有中华人民共和国、朝鲜民主主义

一口气读懂人文常识

人民共和国、古巴共和国、越南社会主义共和国和老挝人民民主共和国。

曾实行苏式社会主义制度的国家有捷克斯诺伐克、匈牙利人民共和国、罗马利亚社会主义共和国、保加利亚人民共和国、波兰人民共和国、德意志民主共和国、阿尔巴尼亚社会主义人民共和国、苏维埃社会主义共和国联盟、蒙古人民共和国、南斯拉夫社会主义联邦共和国和也门民主人民共和国等。

资本主义主张什么观点？

资本主义指的是一种经济学与经济社会学的制度，在这样的制度下，绝大部分的生产资料都归私人所有，并借助雇佣劳动的手段来生产工具，从而创造利润。在这种制度里，商品与服务借助货币在自由市场里流通。投资由私人进行决定，生产与销售主要是公司与工商业来控制，并且互相竞争，按照各自的利益采取行动。

资本主义生产关系产生在封建社会内部。造成资本主义生产的基本条件有：一是产生大批失去生产资料，而不得不出卖自己劳动力的无产者；二是巨额的货币与生产资料集中在少数人手里，并变成资本。

资本主义的基本特征是：经济上，以私营经济为主，没有政府干预或政府干预很少。政治上，资产阶级政党掌权，或者实行资本主义的民主政治制度。一是生产力高度发展，社会富裕，鼓励自由的市场经济与政府对经济的干预尽量少。二是商品生产发展到很高的阶段，成为社会生产普遍的与统治的形式，劳动力成为了商品。

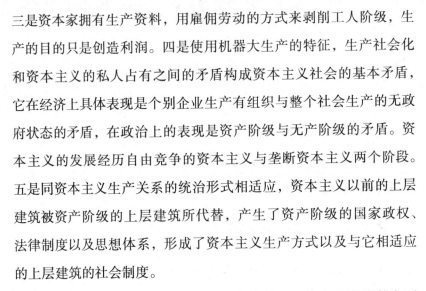

三是资本家拥有生产资料，用雇佣劳动的方式来剥削工人阶级，生产的目的只是创造利润。四是使用机器大生产的特征，生产社会化和资本主义的私人占有之间的矛盾构成资本主义社会的基本矛盾，它在经济上具体表现是个别企业生产有组织与整个社会生产的无政府状态的矛盾，在政治上的表现是资产阶级与无产阶级的矛盾。资本主义的发展经历自由竞争的资本主义与垄断资本主义两个阶段。五是同资本主义生产关系的统治形式相适应，资本主义以前的上层建筑被资产阶级的上层建筑所代替，产生了资产阶级的国家政权、法律制度以及思想体系，形成了资本主义生产方式以及与它相适应的上层建筑的社会制度。

资本主义的标志之一：经济自由度指数。经济自由度指数主要是以法规、政府干预程度、私人财产权利以及贸易自由为主。

赞同资本主义的政治意识形态有：自由意志主义和古典自由主义一致，强调资本主义的市场经济与把国家的干预最小化。他们认为政府在经济活动中的唯一角色就是保护参与者的权利以及防止暴力、偷窃，还有诸如污染之类的破坏。

保守主义承认资本主义制度。很多在政治上自称为保守主义的人，在经济上被称作重商主义。

客观主义，主张在个人的道德上，资本主义是唯一道德的经济体制，因为如果没有不可剥夺的、理性的自由人，资本主义是不可能存在的。

一些意识形态认为，资本主义实际上是一种混合的经济形式，包括资本主义与国营因素。

重商主义赞同在国内建立一个几乎完全自由的市场，但是建议

一口气读懂人文常识

国家继续介入到保护国内商业与工业中以反对外国竞争。

社会民主主义与社会自由主义，支持广泛的政府法规与部分的政府介入。在经济问题上，他们认为政府有需要规范就业、贸易与劳力，有时也同意国有化一些特定的行业。

分产主义要希望一个拥有私人财产的经济，并且几乎所有人来平分这些财富。在这种经济中，法律会限制合并来阻止更大的实体的产生。分产主义者赞同通过基层努力与合作来达到这个目标而不是国家的法规。

法西斯主义认为，资本主义应该是私人企业和政府紧密勾结，由政府控制生产工具并全盘主导经济计划，强调消除失业率与通货膨胀。

爱国主义有哪几派？

爱国主义就是个人与集体对"祖国"的一种积极与支持的态度。这个"祖国"可以是一个区域或者城市，但是爱国主义通常用在某个国家或者联邦。

爱国主义态度是：对祖国的成就与文化感到自豪；强烈希望保留祖国的特色与文化基础；对祖国的同胞的认同感。"爱国主义"和"民族主义"有密切的联系，还通常被当成同义词使用。爱国主义暗示"祖国"是道德的标准与价值，并且个体应把国家利益置于个人以及团体利益之上。

爱国主义有三种流派：个人爱国主义、官方爱国主义以及符号爱国主义。爱国主义的基本要求是：爱祖国的大好河山，爱自己的骨肉同胞；爱祖国的灿烂文化以及爱自己的国家。

一口气读懂人文常识

保守主义反对进步吗？

保守主义的英文叫法是 Conservatism，它的本质是一种强调既有价值与现状的政治哲学。保守主义不是反对进步，仅是反对激进的进步，宁愿实行比较稳妥的方式。保守主义是近、现代西方主要政治思潮之一。因历史背景不同以及策略需要，要求维护社会现状与历史传统，反对社会重大变革的基本主张。保守主义形成于 18 世纪末。

保守主义的流派有：文化保守主义、宗教保守主义、财政保守主义、经济保守主义。

文化保守主义是一种主张保存自身文化与民族传统的哲学。宗教保守主义试图保存特定宗教的教义，有时会试着传播这些教义的价值观，又或者会试图把这些价值观写入法律条文。财政保守主义是一种经济哲学，强调政府在开支与借债上应采取谨慎保守的态度。经济保守主义延伸了财政保守主义对于金融政策的保守态度，主张政府不应该随意干预市场的运作。亚当·斯密、弗里德里克·哈耶克、米尔顿·佛利民、路德维希·冯·米塞斯都是经济保守主义的代表，因此，经济保守主义又叫经济自由主义。

保守主义在关于人类本性的哲学问题上，认为人性是有缺陷的，相信社会弊病只可减缓而难以根除。保守主义的核心观念是反对一切激进的革命与革新，提倡节制政治，以妥协手段调和各种社会势力的利益冲突。保守主义把国家看成一个有机体，局部不能离开整体而独立生存；地位与财产不平等是自然形成的，社会的领导权应该属于素质优秀的贤人而非群众领袖。保守主义主张代表连续性与

稳定性的法律以及秩序，维护传统社会纽带如家庭、伦理和宗教等。主要代表贵族和资产阶级等上层阶级的利益，也反映农民、自由职业者、知识分子、工人以及无职业者等其他阶级和阶层中的保守分子的要求。

女权主义有哪几个阶段？

女权主义用英文表述就是 Feminism，来自西方，它是一个主要以女性经验为来源和动机的社会理论以及政治运动。五四时传入中国，定为女权主义。女性主义是理论和实践的结合，是一种男女平等的信念以及意识形态，目的是反对包括性别歧视在内的一切不平等。中国的女权主义，是指女性争取与男性平等，体现女性自我精神和能量的一种女性思想、社会言论和政治协助行为。男女平等是女权主义最基本的目标，在争取和男性平等的同时，女性应该注重自我的价值表现，展现女性的独特魅力，发挥女性的社会力量，为社会各阶层女性的思想和行为解放而努力，要把全世界妇女的利益放在同一个起点，处理女性主义面临的问题。

女权主义理论主要有：女性境遇的考察；女性存在的缺失；女性权力的实践；女性安全的毫无保障；女性创造力遭受压制以及被无视；女性自觉的自我意识与主体性确立；女性的人道主义公正；女性的组织建设重整是亟待实现的；女性话语权力；女性发展的身份认同以及社会地位确立。

西方女权主义有三个阶段：第一代女权主义，19 世纪下半叶出现，要求妇女受教育以及立法上要平等，在经济上和男性平等，标志是"三·八国际妇女节"的诞生。第二代西方女权主义：从 20 世

一口气读懂人文常识

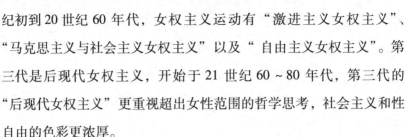

纪初到20世纪60年代，女权主义运动有"激进主义女权主义"、"马克思主义与社会主义女权主义"以及"自由主义女权主义"。第三代是后现代女权主义，开始于21世纪60～80年代，第三代的"后现代女权主义"更重视超出女性范围的哲学思考，社会主义和性自由的色彩更浓厚。

女权主义派别有自由解放的女权主义、激进的女权主义、文化的女权主义、马克思主义与社会主义的女权主义、后现代的女权主义、生态环境保护的女权主义、走向多元合金文化的女权主义以及走向性属融容的女权主义。

无政府主义有哪些团体？

无政府主义又叫安那其，是一系列政治哲学思想，包含了许多哲学体系与社会运动实践。它的基本立场是反对一切统治与权威，主张个体之间的自助关系，关注个体的自由与平等；它的政治要求是消除政府和社会上与经济上的任何独裁统治关系。对无政府主义者来说，无政府是一种由自由的个体们自愿结合，互助、自治以及反独裁主义的和谐社会。无政府主义有不同的分支和流派。

庄子也许是"全世界最早的无政府主义者"。同样，无政府主义倾向可溯源至古代希腊哲学家的观点，比如斯多葛派哲学创始人芝诺，还有阿瑞斯提普斯，他说智者不应该为政府放弃自己的自由。之后的社会运动参与者有中世纪的自由人、再洗礼派教徒、英格兰的掘地者以及激进者团体，也被认为具有无政府主义的概念。

个人主义流派有麦克斯·施蒂纳的利己主义、个人无政府主义、美国个人无政府主义以及无政府资本主义。

一口气读懂人文常识

集体主义流派有皮埃尔—约瑟夫·普鲁东的互助主义、无政府共产主义、马克思的国家社会主义、无政府工团主义等。

后殖民主义的特质是什么？

后殖民主义的英文写法是 Postcolonialism，又称后殖民批判主义（Postcolonial criticism）。后殖民主义是 20 世纪 70 年代在西方学术界兴起的一种具有强烈的政治性与文化批判色彩的学术思潮，它主要是一种着眼于宗主国与前殖民地之间关系的话语。后殖民主义的特点在于，它不是一种铁板一块的僵化的理论；自诞生之初它就常常变化，以适应不同的历史时刻、地理区域、文化身份、政治境况、从属关系与阅读实践。

后殖民主义的特质有：1. 后殖民主义话语主要是关于原宗主国和殖民地以及第三世界之间不同于殖民主义的复杂关系的理论研究。2. 后殖民主义特别倚重福柯关于"话语"与"权力"关系的学说。3. 后殖民主义否认一切主导叙述，认为一切主导叙事都是欧洲中心主义的，因此批判欧洲中心主义就成为后殖民主义的基本任务。4. 后殖民主义把批评的注意力由"民族起源"转向"主体位置"，其着眼角度在于主体形成过程中"自我"和"他者"之间的关系。总体而言，后殖民主义文化理论把现代性、民族国家、知识生产以及欧美的文化霸权都同时纳入自己的批评视野，从而开拓了文化研究的新阶段。

前意共领导人葛兰西的"文化霸权"理论以及法侬的"民族文化"理论对于后殖民主义的产生与发展都起到了促进作用。而法国哲学家福柯的"话语"和"权力"理论则是后殖民主义理论的核心

一口气读懂人文常识

话题。

历史唯物主义是谁创立的？

历史唯物主义的英文是 Historical materialism，是人类社会发展一般规律的科学，是马克思主义哲学的重要组成部分，是科学的社会历史观以及认识、改造社会的一般方法论，又称唯物史观。

历史唯物主义是马克思与恩格斯所创立。他们把它叫做"唯物主义历史理论"与"唯物主义史观"。

历史观是人们对于社会历史的根本看法。历史唯物主义认为历史的主体是人，历史不过是追求着自己目的的人的活动而已。历史唯物主义认为，现实的人就是一定社会关系的人格化，他们所有的性质与活动始终由自己所处的物质生活条件决定。

在历史唯物主义者看来，历史发展是有特定规律的，也就是生产力决定生产关系，生产关系对生产力起反作用，生产关系一定要适应生产力的发展。

历史唯物主义的特点是：1. 承认历史，尊重历史，认为社会必然是一个连续不断的发展过程；2. 联系历史来观察与分析问题；3. 有选择地继承并发展历史。

纳粹主义是什么意思？

纳粹主义，意思是"民族社会主义"，是二战前希特勒等人提出的政治主张。纳粹主义的基本理论有：宣扬种族优秀论，认为"优等种族"有权奴役甚至消灭"劣等种族"；主张一切领域的"领袖"原则，宣扬"领袖"是国家整体意志的代表，国家权力要由其一人

一口气读懂人文常识

掌握；鼓吹社会达尔文主义，主张用战争为手段夺取生存空间，建立世界霸权；反对共产主义思想体系以及社会主义制度，恶毒攻击马克思主义理论。

纳粹主义的标志是"卐"，这是上古时代许多部落的一种符咒，后来被古代的一些宗教所沿用。最初人们把它看成是太阳与火的象征，以后普遍认为是吉祥的标志。

霸权主义的标准是什么？

霸权主义的英文是 Hegemonism，它是指一国凭借政治、军事以及经济的优势，在全世界或个别地区破坏与控制他国主权，谋求统治地位的政策。

第二次世界大战后，美国经济和军事实力逐渐增强，走上了世界权力的顶峰，成为超级大国，是资本主义世界的霸主。它先后策划杜鲁门主义、马歇尔计划；建立北大西洋公约组织；实行"第四点计划"，同许多国家签订了一系列军事同盟条约，设立海外军事基地。20 世纪 50 年代发起侵朝战争，60 年代发动越南战争，80 年代就出兵入侵格林纳达以及巴拿马。

霸权主义一词源于古希腊，意思是指个别大城邦对别的城邦的支配和控制，后来演变成为指称某些国家凭借实力，蹂躏、干涉别国的主权与独立，来谋取主宰世界事务的权利的主张、政策与行动。

判别一个国家是不是霸权主义，不能以它的领土面积大小、人口的多少和兵力的强弱而论，主要看它的对外政策。

军国主义国家曾经有哪些？

所谓军国主义，就是崇尚武力以及军事扩张，把穷兵黩武与侵

一口气读懂人文常识

略扩张作为立国之本，把国家完全放到军事控制之下，使政治、经济和文教等国家生活的各个方面都服务于扩军备战与对外战争的思想以及政治制度。二战前夕的德国与日本就是军国主义国家的典型。

军国主义充满残酷性与反动性，曾给人类带来巨大灾难。它的基本理论有对和平的否认，坚持战争是不可避免的，甚至认为战争本身是美好与令人神往的。军国主义的行为体现为某个国家政治、经济以及社会生活各个方面的军事化，以及对外奉行侵略扩张的政策。在军国主义国家，战争是国家的主要目的。国家的生存与发展主要依靠对外掠夺与扩张。

军国主义思想的特点有：国民经济运作以军事优先，保证战争所需；私权、人权以及言论自由受到压抑；政治上实行极权主义以及独裁制。

军国主义国家的典型有：古希腊的城邦斯巴达；明治维新到第二次世界大战时期的日本帝国以及希特勒时期的德意志帝国。

托马斯·霍布斯的著名著作是什么？

托马斯·霍布斯，Thomas Hobbes，（1588～1679），是英国的政治哲学家，他在1651年所写的《利维坦》为以后所有的西方政治哲学发展奠定根基。他的著作除了最知名的政治哲学的主题外，还有其他主题的著作，包括有历史、几何学、伦理学以及在现代被称为政治学的哲学。霍布斯认为人性的行为都是出于自私的，这是哲学人类学研究的重要理论。

霍布斯在1588年生在英格兰威尔特郡的马姆斯伯里，4岁时就在教堂接受教育。霍布斯是一名天赋极佳的学生，在1603年时他被

送到牛津的摩德林学院读书。

《利维坦》写于英国内战期间。在这书中霍布斯陈述他对社会基础和政府合法性的看法。在人类的自然状态下，有一些人可能比别人更强壮，更聪明，但没有一个会强壮到或聪明到不怕在暴力下死亡。当受到死亡威胁时，在自然状态下的人一定会尽一切所能来保护他自己。霍布斯认为保护自己免于暴力死亡就是人类最高的必要，而权力就是来自于这种必要。他认为人为了自利以及对物质的欲求会想要结束战争，而社会如果要和平就必需要有社会契约。霍布斯的观点是：社会是一群人服从于一个人的威权之下，而每个个人把刚刚好的自然权力交付给这威权，让它来维持内部的和平以及抵抗外来的敌人。这个主权，无论是君主制、贵族制还是民主制，都必须是一个"利维坦"，一个绝对的威权。霍布斯认为，法律的作用是要确保契约的执行。

《利维坦》一书里的大多数篇幅都用来证明强大的中央权威才能够避免邪恶的混乱与内战。任何对此权威的滥用都会造成对和平的破坏。霍布斯提倡主权必须有全盘控制公民、军事、司法以及教会的权力。

霍布斯于 1679 年染上了膀胱疾病，死于中风病，享年 92 岁。他被葬在德贝郡一座教堂的墓地里。

约翰·洛克有些什么理论？

约翰·洛克（1632～1704），著名的英国哲学家，是全面系统地阐述宪政民主基本思想的第一位作家。他的思想深刻地影响了美国的开国元勋和法国启蒙运动中的许多主要哲学家。1632 年洛克出生

一口气读懂人文常识

于英国灵顿。1656年，他在牛津大学获得学士学位，在1658年获硕士学位。洛克终身未娶，他在1704年溘然长逝。

洛克最初的成名之作是《人类理智论》，书中论述了人类知识的起源、性质及局限性，是著名的哲学经典著作之一。在1689年发表的《论信仰自由书》中，洛克认为国家不应干涉宗教信仰自由。洛克提出的拥护宗教信仰自由的有力论证赢得了公众的支持。洛克认为这种信仰自由不要扩大到天主教徒与无神论者当中去，因为他认为他们忠实于外国君主。洛克最重要的著作是《论政府》，在这本书里他提出了自由宪政民主的基本思想。它对所有讲英语的国家以及地区的政治思想的影响更为深刻。洛克坚信人人皆有与生俱来的权力，这些权力包括人生、个人自由以及拥有财产的权力。洛克认为政治的主要目的是保护个人和臣民的财产。

洛克反对王权神授的观念，认为政府的权威只能建立在被统治者拥护的基础之上。他主张社会契约论，这在一定程度上来源于早期的英国哲学家托马斯·霍布斯，但与霍布斯利用社会契约来为专制主义辩护所不同的是，洛克认为社会契约可以废除。洛克为革命的权力所做的申辩强烈地影响了托马斯·杰斐逊以及其他美国革命家。

洛克主张权力分散的原则；但是他提倡立法机关应该要高于行政机关。由于洛克主张立法机关要有至高无上的权力，因此，他肯定会反对法院有宣布立法机关所立的法案不合宪法的权力。

洛克的著作有《论宽容》、《人类理解论》和《政府论》。洛克的理论有财产理论、累积的限制、政治理论、卡罗来纳宪法、自我理论。

一口气读懂人文常识

洛克对哲学与政治哲学界产生极大影响，特别是自由主义的发展。现代的自由意志主义者也把洛克当成其理论的奠基者之一。洛克对于伏尔泰有极大影响，而他在自由与社会契约上的理论也影响了后来的亚历山大·汉密尔顿、詹姆斯·麦迪逊、托马斯·杰斐逊和其他许多的美国开国元勋。洛克的理论激励了后来的美国革命和法国大革命。

亚里士多德的政治理论是什么?

亚里士多德的《政治学》是古希腊思想家最重要的政治学论著，成书在公元前326年。全书在对100多个城邦政制分析比较的基础上，从人是天然的政治动物的观点出发，系统讲述了什么是对公民最好的国家。全书有8卷103章，按内容能分为4部分。第一部分，是第1，3卷，讲述城邦、政体等基本理论。主张城邦是至高而广涵的一种社会团体，追求最高最广的善业。人类是天生的政治动物，由家庭、村坊而组成城邦。政体按照其宗旨和最高统治权执行者的人数，分为正宗和变态两大类。前者是君主、贵族以及共和3种，后者是僭主、寡头以及平民3种。第二部分，是第2卷，批驳取消私有财产与家庭的主张，评析当时的各种政制。第三部分，是第4，5，6卷，讲述现实中的平民、寡头以及共和等政体的具体形态、变革原因和防范措施，提出以中产阶级为主体的共和政体是最稳定的政体。第四部分，是第7，8卷，论述理想城邦中的道德、人口、疆域、民族性以及教育等问题。《政治学》被公认是西方传统政治学的开创之作。它所建立的体系以及一系列政治观点，对西方政治思想的发展产生了深远影响。

一
口
气
读
懂
人
文
常
识

人 文 文 学 篇

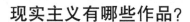

现实主义有哪些作品？

现实主义是 19 世纪 30 年代在法国、英国等地出现的文学思潮，以后传到俄国、北欧与美国等地，成为 19 世纪欧美文学的主流，也形成了近代欧美文学的高峰。现实主义文学具有强烈的社会批判性，高尔基把它称为"批判现实主义"。

现实主义，是指文学艺术对自然的忠诚，起源于西方最古老的文学理论，也就是古希腊人那种"艺术乃自然的直接复现或对自然的模仿"的朴素的观念，作品的逼真性和与对象的酷似程度成为判断作品成功与否的准则。

现实主义的理论涵义包括：真实客观地再现社会现实、典型理论和历史性的要求。

现实主义作家作品有法国的斯汤达的《红与黑》、《法尼娜·法尼尼》和巴尔扎克的《人间喜剧》、《欧也妮·葛朗台》；英国的狄更斯的《双城记》、《大卫·科波菲尔》；俄国的托尔斯泰的《战争与和平》、《安娜·卡列尼娜》、《复活》和美国的马克·吐温的《汤姆·索亚历险记》、《竞选州长》。

浪漫主义有哪些特点？

浪漫主义的英文名字是 Romanticism。意思是"传奇"或者"小说"，"罗曼蒂克"是它的音译。浪漫主义是文艺的基本创作方法之一，它和现实主义都是文学艺术上的两大主要思潮。浪漫主义主要从主观内心世界出发，抒发对理想世界的热烈追求，常用热情奔放的语言、瑰丽的想象以及夸张的手法来塑造形象。浪漫主义是从 18

一口气读懂人文常识

71

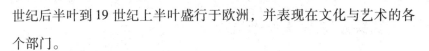

世纪后半叶到 19 世纪上半叶盛行于欧洲，并表现在文化与艺术的各个部门。

浪漫主义宗旨和"理"相对立，主要特征是注重个人感情的表达，形式较少拘束且自由奔放。浪漫主义手法是通过幻想与复古等手段超越现实。

浪漫主义是欧洲文学中的一种文艺思潮。政治上，它反对封建专制，艺术上，它和古典主义相对立，是资本主义上升时期的一种意识形态。

浪漫主义还分为积极浪漫主义与消极浪漫主义。积极浪漫主义是进步的潮流，它引导人们往前看，后者是反动的逆流，它引导人们向后看。浪漫主义产生的哲学基础，是这一时期流行的德国古典哲学以及深受启蒙思想影响的空想社会主义。它注重主观、天才以及灵感；强调人性的自由与解放。

积极浪漫主义的代表作家是英国的拜伦、雪莱，法国有雨果，德国有海涅，俄国有昔希金，还有匈牙利的裴多菲等等。他们的生活实践与艺术实践，都是同当时资产阶级民主革命思想以及各国的民族解放运动联系在一起的，大多数作家就是民族解放运动的积极参加者。

现代主义文学指的是什么？

现代主义是在欧美首先出现的文学思潮，在 19 世纪初就传入中国。现代主义文学思潮有很复杂的背景，准确地说，现代主义是由许多具有现代主义创作手法派别汇成的一股文艺思潮。这种流派的产生有它的历史与地域因素：现代工业的兴起，涌现出一批中产阶

一口气读懂人文常识

级，人和人之间的关系越来越疏远、冷漠、孤僻，社会成为一种异己的力量，人感到无比的孤独。两次世界大战，西方的自由、博爱、人道理想的观念被战争破坏，西方的文明被抛进了一场危机之中，现代主义就在这样的条件下诞生的。现代主义的派别有表现主义、未来主义、象征主义、意象派、意识流、黑色幽默、存在主义、荒诞派戏剧、新体小说以及魔幻现实主义等。它的主要作家是托·马尔斯曼，卡夫卡，萨特，加谬，贝克特以及马尔克斯等等。

现代主义的审美意识是表现荒谬、混乱、猥琐、邪恶以及丑陋等意识，使作品中的场景出现梦魇的特征。他们的理由是要表现"诚实的意识"，这是现代主义文学的基本精神。

在真善美的观念上，现代主义认为真善美并不是必然统一的整体，美与善可以是真的，也会是假的，丑与恶都是与美和善相反的，但会是真的。在形式上，现代主义变化多端，没有固定的形式，它的特点是故意打破时空顺序，大量运用梦境、心理时间、黑色幽默以及魔幻、意象、象征与意识流等手法去表现生活与人的性格。

现代主义文学的特征是对现实主义文学的继承、超越与悖离，它们都用非理性主义作为基础，表现出激烈的反传统倾向，现代主义文学想建立起以"表现论"为中心的新规则与范式。否定作品的整体性、确定性、规范性与目的性，主张无限制的开放性、多样性与相对性，反对任何规范、模式以及中心等对文学创作的制约。还想对小说、诗歌、戏剧等传统形式和叙述本身进行解构，认为文学艺术是人人可以任意享用的日常消费与商品。

在文学和社会人生的关系上，现代主义注重展示主体生存状况，以为世界是荒谬无序的，存在是不可认识的。在人物塑造上，主张

自我表白的话语欲望，打破以人为中心讲述完整的故事的惯有模式。在作品的情节内容上，具有明显的虚构性和荒诞性特征。在艺术手法上，现代主义文学主张艺术形式和艺术技巧的创新，表现出随意性以及不确定的特征。

文艺复兴发生在什么时候？

文艺复兴发生在 13 世纪末，在意大利的各城市兴起，以后扩展至西欧各国，16 世纪，在欧洲盛行的一场思想文化运动，带来科学和艺术革命，是中古时代与近代的分界。

13 世纪末期，在意大利商业发达的城市，新兴的资产阶级中的一些先进的知识分子借助研究古希腊、古罗马艺术文化，并通过文艺创作，来宣传人文精神。

文艺复兴的性质是一场资产阶级文化运动，文艺复兴的核心是人文主义精神，它的本质是以人文主义冲击宗教神权的束缚，解放人们的思想。实际上，文艺复兴时期的思想家们不是完全主张复古，而是借古代文化之名来宣传新的资产阶级思想。

文艺复兴的"文学三杰"是但丁、彼特拉克和薄伽丘。文艺复兴的"美术三杰"是达芬奇、拉斐尔和米开朗琪罗。各地的作家都开始使用自己的方言进行文学创作，带动了大众文学的发展，为各种语言注入大量文学作品，其中有小说、诗、散文、民谣以及戏剧等。代表人物有意大利的但丁、彼特拉克和薄伽丘；法国的拉伯雷、沙龙以及杜贝莱；英国的托马斯·莫尔和莎士比亚；西班牙的塞万提斯和维加。

文艺复兴集中体现了人文主义思想：提倡个性解放，反对中世

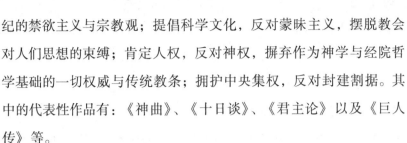

纪的禁欲主义与宗教观；提倡科学文化，反对蒙昧主义，摆脱教会对人们思想的束缚；肯定人权，反对神权，摒弃作为神学与经院哲学基础的一切权威与传统教条；拥护中央集权，反对封建割据。其中的代表性作品有：《神曲》、《十日谈》、《君主论》以及《巨人传》等。

人文主义歌颂世俗，蔑视天堂，用理性取代神启，肯定"人"是现世生活的创造者与享受者，提倡文学艺术表现人的思想感情，科学是为人谋福利，教育要发展人的个性，提倡把人的思想感情与智慧从神学的束缚中解放出来。主张个性自由，因此在历史发展上起了很大的进步作用。

文艺复兴的实质是新文化，是当时社会的新政治与新经济要求的反映，是新兴的资产阶级在思想与文化领域里的反封建斗争。简单来说，文艺复兴的实质是资产阶级的思想解放运动。文艺复兴的核心思想就是人文主义。

未来主义是未来吗？

未来主义的英文名称是 Futurism。它是现代文艺思潮之一。1909年由意大利的马里内蒂首先提倡。1911～1915年在意大利广泛流行。第一次世界大战期间流传到欧洲各国。他们以尼采、柏格森的哲学为基础，认为未来的艺术应具有"现代感觉"，还主张表现艺术家进行创作时的"心境的并发性"。

1909年2月，意大利诗人、作家兼文艺评论家马里内蒂在《费加罗报》上发表了《未来主义的创立和宣言》一文，标志着未来主义的诞生。他认为近代的科技与工业交通改变了人的物质生活方式，

人类的精神生活也要随着改变。在他看来科技的发展改变了人的时空观念，旧的文化已经失去了价值，美学观念也发生了大大的改变。

　　未来主义艺术家们的创作兴趣广泛，涉及绘画、雕塑、诗歌、戏剧、音乐以及烹饪等领域。马里内蒂认为未来主义的基本原则是对陈旧思想的憎恶，特别是对陈旧的政治和艺术传统的憎恶。马里内蒂与他的追随者们表达了对速度、科技以及暴力等元素的狂热喜爱。汽车、飞机和工业化的城镇等等，在未来主义者的眼中充满魅力，他们以为这些象征着人类依靠技术的进步征服了自然。

　　未来主义的代表人物有马里内蒂、波丘尼、卡拉、鲁索罗以及画家巴拉与塞韦里尼。

古典主义的特征是什么？

　　古典主义的英文名字是 Le Classicisme，是 17 世纪流行在西欧、特别是法国的一种文学思潮。它在文艺理论与创作实践上，以古希腊和罗马文学作为典范，因此被称为"古典主义"。古典主义包括哲学、文学、音乐、建筑以及绘画。

　　古典主义代表作家有高乃依、帕斯卡尔、拉辛、莫里哀、拉封丹、博叙埃、布瓦洛、拉布律耶尔、圣西门以及费讷隆等人。

　　古典主义文艺思潮，由于学习古代与崇尚古代、模仿古代，并以古代的希腊、罗马文学作为典范。古典主义是商业资本发展时期的产物，把重商政策作为基础。它服从当时绝对君权的统治，是绝对君权政治在文学上的反映，同时也是当时资产阶级在政治上对封建王权暂时的迁就、妥协和让步的一种表现。古典主义的三个特征是为王权服务的鲜明倾向、理性至上和把古希腊、罗马文学作为

典范。

从哲学上看，古典主义又叫唯理主义。古典主义是在当时流行于整个西欧的唯理主义思想的影响下形成的。唯理主义的代表是笛卡尔，他主张一切以合乎情理为原则，提倡抛弃传统偏见，反对中世纪的神学世界观，反对盲目信仰宗教权威与经院哲学，把理性当成是知识的唯一源泉。他认为感性材料会欺骗人们，只有采取理性才能认识世界。

在文学方面，布瓦洛的《诗艺》是古典主义文学理论的重要著作。古典主义文学的特征是：1. "理性"至上，注重正常情理；2. 心中要有不变的原则，古典主义不着重抒写个人的思想情绪，而着重写一般性的类型；3. 古典主义号召"摹仿自然"；4. 古典主义要求"逼真"；5. 古典主义主张文学的任务在于道德说教，在于劝善；6. 崇尚古希腊罗马的大作家；7. 各种文学作品的体裁要有严格的界限和规律；8. 古典主义要求简洁、洗练、明朗以及精确的文风，反对烦琐、枝蔓、含糊和晦涩。

在古典主义文学中，戏剧方面最有成就，有三大戏剧家，他们是高乃依、拉辛以及莫里哀，他们的代表作品有《伪君子》、《悭吝人》、《熙德》、《昂朵马格》。

唯美主义有哪些代表作家？

唯美主义运动的英文是 Aesthetic movement，它是在 19 世纪后期出现的，在英国艺术与文学领域中的一场组织松散的运动。主张"为艺术而艺术"，主张超然于生活的纯粹美，追求形式完美与艺术技巧，它的兴起是对社会功利哲学、市侩习气以及庸俗作风的反抗。

这场运动的目的是反维多利亚风格风潮，它有后浪漫主义的特征。它发生在维多利亚时代晚期，通常学术界认为唯美主义运动的结束是以奥斯卡·王尔德被捕作为标志。

唯美主义，就是用艺术的形式美作为绝对美的一种艺术主张。这种"美"，是脱离现实的技巧美。因此，有时也将唯美主义叫做"耽美主义"或"美的至上主义"。它的形成有两大要素：一是比德的快乐主义的批评；二是莫理思的生活艺术化的思想。比德认为，文学艺术要有一种特殊气质，善于感受美的对象的能力，将自己同书本中的内容紧密地联系起来，从中探讨得到的快感与乐趣，这就是审美批评的根本。莫理思主张，改造社会的目的是自由地伸展，就一定要让日常生活艺术化。比德与莫理思的观点，奠定了唯美主义的理论基础。再加上英国的罗塞蒂和史文朋等人的努力，最后形成了唯美主义运动。

唯美主义运动中的作家以及艺术家认为：艺术的使命是为人类提供感观上的愉悦，而不是传递某种道德和情感上的信息。唯美主义者主张艺术不应该具有任何说教的因素，而是追求单纯的美感。他们如痴如醉地追求艺术的"美"，认为"美"就是艺术的本质，并且主张生活要模仿艺术。唯美主义运动的主要特征有：追求建议性而不是陈述性、追求感观享受、对象征手法的大量应用以及追求事物之间的关联感应，也就是探求语汇、色彩与音乐之间内在的联系。

唯美主义把浪漫主义诗人约翰·济慈与雪莱当成先驱，还受到了拉斐尔前派的影响。在英国，唯美主义最杰出的代表人物是奥斯卡·王尔德以及阿尔杰农·查尔斯·斯温伯恩，他们都接受过法国

一口气读懂人文常识

象征主义的影响。与唯美主义运动有关联的艺术家还有詹姆斯·麦克尼尔·惠斯勒与但丁·加布里埃尔·罗塞蒂。唯美主义思潮还对室内设计产生了影响。

唯美主义的代表作家和作品是戈蒂耶的《莫班小姐》；王尔德的《快乐王子集》和《道连格雷的画像》以及戏剧《温德米尔夫人的扇子》、《无足轻重的女人》、《理想丈夫》和《不可儿戏》。

意识流是水吗？

意识流是19世纪的美国实用主义哲学创始人、心理学家威廉·詹姆斯创造的，指的是人的意识活动持续流动的性质。在詹姆斯看来，人类的思维活动并不是由一个一个分离的、孤立的部分组成，而是一条连续不断的、包含各种复杂的感觉与思想"流"。他认为人类的思维活动是一股切不开、斩不断的"流水"。意识流强调了思维的不间断性，也就是没有"空白"，一直在"流动"；还强调它的超时间性以及超空间性，也就是不受时间与空间的束缚。这种内涵的思想直接影响了文学家，还被他们借用和借鉴到文学领域，进行创作，从而产生了"意识流"文学。

意识流在描述心理过程时是极其有用的。小说中的意识流，指的是小说叙事过程对人物持续流动的意识过程的模仿。简单地说，也就是把人物的意识活动作为结构中心，围绕人物表面看来似乎是随机产生，且逻辑松散的意识中心，将人物的观察、回忆与联想的全部场景同人物的感觉、思想、情绪与愿望等，交织叠合在一起加以展示，用"原样"准确地描摹人物的意识流动过程。西方现代小

一口气读懂人文常识

说史上，"意识流"的代表作家有詹姆斯·乔伊斯、弗吉尼亚·伍尔夫、福克纳、普鲁斯特等。

意识流文体的基本特征：首先，在表现对象上，意识流文学脱离了传统现实主义文学，完全面向自我，重在表现人的下意识、潜意识和无意识的内心世界。意识流小说的叙述焦点从外部描写完全转向内心活动的呈现，也就是人物的意识流动过程的直接呈现；意识流文学按照意识活动的逻辑和意识的流程安排小说的段落、篇幅的先后次序，从而让小说的内容和形式相交融。人物意识渗透到作品的各个画面中，起到了内在关联作品结构的作用。

意识流小说中使用最多的技法有直接内心独白、间接内心独白以及无所不知的描写和戏剧性独白。

意识流代表作家以及作品有埃杜阿·杜雅尔丹的《被砍倒的月桂树》；马塞尔·普鲁斯特的《追忆似水年华》；维吉尼亚·伍尔夫的《墙上的斑点》、《达罗卫夫人》和《到灯塔去》；詹姆斯·乔伊斯的《都柏林人》、《一个艺术家青年时代的写照》、《为芬尼根守灵》和《尤利西斯》；威廉·福克纳的《士兵的报酬》、《我弥留之际》、《八月之光》、《押沙龙，押沙龙!》以及《喧哗与骚动》。

象征主义文学有哪些诗人？

象征主义者们强调发掘隐匿在自然界背后的理念世界，凭个人的敏感与想象力来创造超自然的艺术。尼采、弗洛伊德以及柏格森的思想是象征主义的哲学基础。

象征主义者，在题材上注重描写个人幻影与内心感受，很少涉及广阔的社会题材；在艺术方法上，否定空泛的修辞与生硬的说教，

主张用有质感的形象与暗示、烘托、对比以及联想的方法来创作。此外，象征主义文学作品特别重视音乐性与韵律感。

象征主义文学在诗歌领域内的成就是最高的。美国诗人爱伦·坡的理论与创作对法国象征主义的形成产生了重大影响。他的《诗歌创作原理》主张反自然、反说教的诗学观点，还强调形式美、暗示性以及音乐性，是象征主义的理论开端。法国诗人夏尔·波德莱尔的诗集《恶之花》就是第一部具有象征主义特质的诗作。

19世纪70、80年代蜚声法国诗坛的保尔·魏尔伦在《诗的艺术》中提倡：诗歌应该首先要有音乐性，那是流动的、朦胧的、清灵的；选词上要求模糊与精确相结合；要色晕而不要色彩；不要格言警句、插科打诨类的东西。他的代表作品还有《三年以后》、《白色的月》和《狱中》等等。

阿尔图尔·兰波是法国象征主义诗人中较激进的一位，他为法国象征主义文学带来了超现实主义的因素，其诗作以其瑰丽的色彩而著称。他的代表作是《醉舟》、《母音》和《地狱一季》。1912年，兰波成为超现实主义文学的鼻祖。

斯蒂凡·马拉美，被誉为"象征主义之象征"，是象征主义发展历程中的关键人物。他是第一个将象征主义理论系统化的诗人。马拉美的《天鹅》、《海洛狄亚德》和《牧神的午后》是他的代表作品。保尔·瓦雷里的作品有《年轻的司命女神》、《脚步》、《石榴》、《风灵》以及《海滨墓园》。奥地利的莱纳·玛利亚·里尔克是象征主义在德语文学中的代表。他的作品有《豹》、《致奥尔弗斯十四行诗》和《杜伊诺哀歌》，也正是这些作品奠定了里尔克在现代诗坛上大师的地位。他的风格晦涩难懂，其中有很多存在主义的观点、

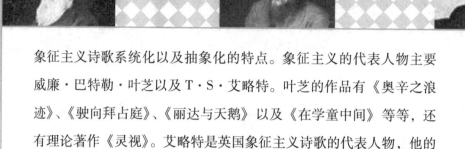

象征主义诗歌系统化以及抽象化的特点。象征主义的代表人物主要威廉·巴特勒·叶芝以及Ｔ·Ｓ·艾略特。叶芝的作品有《奥辛之浪迹》、《驶向拜占庭》、《丽达与天鹅》以及《在学童中间》等等，还有理论著作《灵视》。艾略特是英国象征主义诗歌的代表人物，他的代表作《荒原》和《四个四重奏》。

表现主义是什么意思？

表现主义的英文名字叫 Expressionism，是现代重要艺术流派之一。它是 20 世纪初到 30 年代在欧美一些国家盛行的文学艺术流派。它首先出现在美术界，后来在音乐、文学、戏剧和电影等领域得到重大发展。表现的美学目标与艺术追求和法国的野兽主义相似，只是带有浓厚的北欧色彩和德意志民族传统的特色。表现主义受工业科技的影响，表现物体静态的美。

表现主义的成员大都受康德哲学、柏格森的直觉主义以及弗洛伊德精神分析学的影响，主张反传统，不满于社会现状，要求改革和革命。在创作上，他们主张表现事物的内在实质；提倡突破对人的行为与人所处的环境的描绘而揭示人的灵魂；提倡展示其永恒的品质。它在诗歌、小说与戏剧领域都产生了一批有影响的作家以及作品。它的诗歌的主题是厌恶都市的喧嚣，有的暴露大城市的混乱、堕落与罪恶，充满了隐逸的伤感情绪和是对"普遍的人性"的宣扬。它的特点有不重视细节的描写，只要强有力地表现主观精神以及内心激情。代表人物是奥地利的特拉克尔和德国的海姆、贝恩、卡夫卡、斯特林堡、托勒尔、奥尼尔、恰佩克、杜肯、衣修午德和奥凯西等。

　　表现主义文学是 20 世纪初期在德国兴起的一场国际性文学运动。表现主义文学中戏剧与诗歌的成就最为突出。表现主义一词来自拉丁文"expressus"，是"抛掷出来"、"挤压出来"的意思。表现主义文学特点是凭借主观精神进行内心体验，并把这种体验的结果转化为一种激情；舍弃细节描写，追求事物的深层"幻象"构成的内部世界；作品中的人物常以某种类型的代表与某种抽象本质的体现代替有个性的人；它的情节不连贯，发展线索不明晰，均以怪诞的方式表现丑恶与私欲的"疯人院"式的人世罪孽以及无穷痛苦。

　　表现主义的代表作家和作品有：弗兰茨·卡夫卡及其代表作是《变形记》；尤金·奥尼尔及其作品《毛猿》和《琼斯室》。

印象主义的作家都有谁？

　　印象主义的英文是 Impressionism，19 世纪后半期～20 世纪初期在法国、欧美乃至世界流行的一种艺术流派与文艺思潮。

　　印象主义出现在 19 世纪后期的文学艺术领域，它们所采用的技巧与达到的效果同印象主义绘画相似。文学方面的印象主义，通常是一种高度个性化的写作手法，反映作家的个人气质。一些作家的作品以其感染力很强和绘画方面的印象主义相提并论。

　　印象主义是 19 世纪 70 年代以后进入文学领域的，文学中的印象主义表现是努力捕捉模糊不清的转瞬即逝的感觉印象。由于文学创作的特殊性质，文学中的印象主义者更注意这种瞬间感觉经验如何转化成感情状态。他们反对对所描写的事物之间的联系进行合乎逻辑与理性的提炼加工，因此，他们本人也成了传达外界刺激和本能反应之间的中介。

一口气读懂人文常识

印象主义文学和象征主义文学之间有类通的地方，它们都是形式主义的文学流派；印象主义反对使用象征手法表达思想，而主张感觉的描述。通常被当成象征主义的某些诗人，实际上也是印象主义的，例如象征主义领袖之一保尔·魏尔兰的《诗艺》一诗，就是一篇印象主义宣言。

印象主义小说的代表有龚古尔兄弟、皮埃尔·洛蒂、王尔德、艾·洛威尔、希·杜利特尔、约翰·高尔德·弗莱彻、德特勒夫·封·李利恩克龙、理查·戴默尔、古斯塔夫·法尔克等人。

印象主义还是一种文学批评，叫做印象主义批评，也就是感受式批评。这种批评不对作品进行理性的科学的分析，而主张批评家的审美直觉，他们的观点是最好的批评只是记录批评家感受美的过程，至多指出这美的印象是怎样产生的，是在什么条件下被感受到的。

李白是诗仙吗？

李白（701~762），字太白，号青莲居士，又称"谪仙人"，汉族，祖籍陇西成纪（现甘肃静宁），生在中亚西域的碎叶城，4岁迁居四川绵州昌隆县。李白是我国唐代伟大的浪漫主义诗人，被人们称为"诗仙"，同杜甫并称为"李杜"。他善长从民歌、神话中汲取营养素材，写成特有的瑰丽绚烂的色彩，是屈原以来积极浪漫主义诗歌的新高峰。唐朝文宗御封李白的诗歌、裴旻的剑舞和张旭的草书为"三绝"。同李商隐、李贺三人同是唐代"三李"。

20岁时，李白只身出川，开始了漫游，南去洞庭湘江，东到吴、越，寓居在安陆、应山。他希望结交朋友，拜见社会名流，从而得

到引荐，去实现政治理想与抱负。

李白生活在唐代极盛时期，具有"济苍生"、"安黎元"的进步理想，一生为实现这一理想而奋斗。他存诗近千首，有《李太白集》，是盛唐浪漫主义诗歌的代表人物。

他经历了好任侠，喜纵横，仗剑远游，一进长安，赐金放还，漫游梁宋，东去吴越，探幽燕，走江南到病逝途中的人生历程。

李白的诗歌，现存1000多首，其诗歌题材是多种多样的。由于出生在盛唐时期，他的诗歌以浪漫为主，豪气大放，代表作是《蜀道难》、《行路难》、《梦游天姥吟留别》、《将进酒》、《梁甫吟》、《古风》59首、《长干行》、《子夜吴歌》、《宣州谢朓楼饯别校书叔云》、《望庐山瀑布》、《望天门山》、《早发白帝城》等。李白在唐代已经盛名远播。他是中华诗坛第一人。

杜甫是诗圣吗？

杜甫（712~770），字子美，自号少陵野老，又叫杜少陵，杜工部。汉族，河南巩县（今河南巩义）人，原籍湖北襄阳。杜甫曾当过左拾遗、检校工部员外郎。杜甫是我国唐代伟大的现实主义诗人和世界文化名人，同李白并称"李杜"。他在古体、律诗方面成就突出，风格多样，能用"沉郁顿挫"四字来概括出他自己作品的风格，而以沉郁为主。被以后的诗家尊为"诗圣"。杜甫生活在唐朝从盛转衰的历史时期，他的诗多涉笔社会动荡、政治黑暗以及人民疾苦，其诗被称为"诗史"。杜甫忧国忧民，人格高尚，诗艺精湛。杜甫一生写诗1400多首，其中很多是传颂千古的名篇，还有《杜工部集》传世；其中"三吏"是《石壕吏》、《新安吏》和《潼关吏》，"三

一口气读懂人文常识

别"是《新婚别》、《无家别》和《垂老别》。杜甫的诗篇流传数量是唐诗里最多最广泛的，是唐代最杰出的诗人之一，对后世影响深远。

杜甫善长运用古典诗歌的许多体制，还加以创造性地发展。还是汉乐府诗体的开路人，

杜甫的思想核心是儒家的仁政思想。他同情人民，其诗歌始终贯穿着忧国忧民这条主线。他的诗具有丰富的社会内容、强烈的时代色彩以及鲜明的政治倾向，真实深刻地反映了安史之乱前后一个历史时期政治时事与广阔的社会生活画面，因而被称为一代"诗史"。杜诗的风格是"沉郁顿挫"，语言与篇章结构又富于变化，讲求炼字炼句。同时，他的诗兼备众体，除五古、七古、五律以及七律外，还写了不少排律和拗体。是唐诗思想艺术的集大成者。杜甫还是个现实主义诗人。

杜甫著作有《遣怀》、《昔游》、《卜居》、《堂成》、《蜀相》、《为农》、《有客》、《狂夫》、《舍》、《江村》、《野老》、《遣兴》、《南邻》、《恨别》、《客至》、《江亭》、《可惜》、《独酌》、《寒食》、《石镜》、《琴台》、《病柏》、《枯棕》、《不见》、《大雨》、《四松》、《归雁》、《去蜀》、《除草》、《丈人山》、《成都府》、《石笋行》、《赠花卿》、《少年行》、《大麦行》、《题桃树》、《漫城二诗》、《春夜喜雨》、《草堂即事》、《绝句二首》、《绝句四首》、《戏作花卿歌》、《望岳》、《酬高使君相赠》、《春日江村五首》、《春水生二绝》、《绝句六首》、《春望》、《石壕吏》、《茅屋为秋风所破歌》、《江南逢李龟年》、《天末怀李白》、《月夜忆舍弟》、《兵车行》、《闻官军收河南河北》、《登兖州城楼》和《登楼》等。

一口气读懂人文常识

曹雪芹写完了《红楼梦》吗?

曹雪芹（1713～1763），名霑，字梦阮，号雪芹、芹圃、芹溪。祖籍辽宁辽阳，他是中国长篇名著《红楼梦》的作者。他出身在一个"百年望族"的大官僚地主家庭。因家庭的衰败，让曹雪芹饱尝了人生的辛酸。

曹雪芹的诗仅有题敦诚《琵琶行传奇》两句："白傅诗灵应喜甚，定教蛮素鬼排场。"曹雪芹还是一位画家，喜欢画突兀奇峭的石头。曹雪芹的最大的贡献还是在小说的创作。

他的小说《红楼梦》内容丰富，思想深刻，艺术精湛，将中国古典小说创作推向最高峰，在世界文学发展史上拥有十分重要的地位。今传《红楼梦》80回以后他已写完，但由于种种原因而没有流传下来。现流传的80回后的内容是高鹗的续书。

长篇小说《红楼梦》是中国古典小说的最高成就，它不仅在国内家喻户晓，在世界文坛上也是举世公认的文学名著。

《红楼梦》的原名叫《石头记》，它以手抄本的形式在社会上流传时，就受到人们的喜爱。由于《红楼梦》没有完成，高鹗续写的后40回比较好。他大体遵循了曹雪芹创作，完成了《红楼梦》悲剧的主题。有些情节处理得很精彩。1792年，一个叫程伟元的出版家将曹雪芹的《红楼梦》80回和高鹗续写的后40回合在一起出版了两次，从此《红楼梦》就在中国流行起来。

《红楼梦》主要写的是一个人生、命运以及关爱的故事，还把一个大家族悲欢离合的故事作为中心，通过一个贵族大家庭的兴衰变化，揭露了封建统治阶级的奢靡何丑恶，反映了封建社会必然走向

一口气读懂人文常识

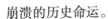

崩溃的历史命运。

《红楼梦》一开始，就把读者带到五光十色的荣国府。这是一个由少数主子与数百奴仆所组成的贵族大家庭。这些贵族家庭成员每天想的就是怎样享乐。就在这个贵族家庭中，曹雪芹刻画出贾宝玉、林黛玉等具有光彩的男女主人公和众多的少女形象。

阿利盖利·但丁写了哪些书？

阿利盖利·但丁（意大利语：Dante Alighieri，1265～1321），是意大利诗人和现代意大利语的奠基者，还是欧洲文艺复兴时代的开拓人物之一，因长诗《神曲》留名后世。

1265 年，但丁出生于意大利的佛罗伦萨一个没落的贵族家庭，5岁时生母去世，父亲续弦。

但丁一生著作很多，其中最有价值的肯定是《神曲》。这部作品通过作者和地狱、炼狱还有天国中各种著名人物的对话，反映出中古文化领域的成就，与一些重大的问题，带有"百科全书"性质，从中可以隐约看见文艺复兴时期人文主义思想的曙光。在这部长达14000 余行的史诗中，但丁表达了执着地追求真理的思想，对欧洲后世的诗歌创作产生深远的影响。但丁从许多有名的朋友与教师那里学习不少东西，包括拉丁语、普罗旺斯语与音乐。年轻时还做过骑士，参加过几次战争，20 岁时结婚，妻子为他生了 6 个孩子，有 3子 1 女存活。但丁的家族原来是盖尔非派，但丁热烈提倡独立自由，因而，成为白党的中坚，还被选为最高权利机关执行委员会的六位委员之一。

但丁在 1321 年客死在意大利东北部腊万纳。其作品基本上是用

一口气读懂人文常识

意大利托斯卡纳方言写作的。但丁是第一个采用"文艺复兴"主义的作家。他的《神曲》里面就有很多人文主义的精神，比如，肯定人以及肯定人性。但丁的著名作品包括：爱情诗歌《新生》、哲学诗歌《宴会》、抒情诗《诗句集》、长诗《神曲》、拉丁文文章《俗语论》、政论文《王国论》、拉丁文诗歌《牧歌》、但丁的被收集的《书信集》等。

《神曲》代表了中世纪文学的最高成就，这样一部划时代的巨著得以产生，是同当时意大利的社会状况、诗人所具有的深厚学识以及独特的个人经历分不开的。

这部诗集是当时意大利文坛上"温柔的新体"诗派的重要作品之一，还是西欧文学史上第一部剖露心迹，公开隐秘情感的自传性诗作。

《神曲》是但丁在流放期间，用了14年完成的长篇诗作，原名为"喜剧"。中世纪时，人们对"喜剧"的解释同今人不同，其意思是结局令人喜悦的故事。

《神曲》全诗长14233行，有3部，每部33篇，诗句三行一段，连锁押韵，象征圣父圣子圣灵三位一体。前加1篇序诗，共100篇。由《地狱》、《炼狱》以及《天堂》三部分组成，各篇长短大致相等，每部也基本相等，每部都以"群星"一词结束。它是但丁幻游三界的神奇描述。《神曲》结构严谨，情节服从于全诗的主题，其中的人物、场景都有所指。

《神曲》在艺术上有极高的成就，是中世纪文学哺育出的瑰宝。诗人借助基督教救赎观念与地狱、炼狱、天堂三界的神学教义结构全诗，把纷繁复杂的素材纳入严谨的构架之中。诗中的人物都有现

一口气读懂人文常识

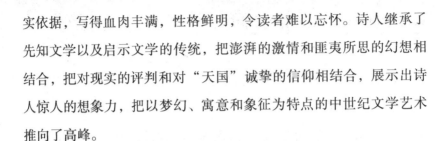

实依据，写得血肉丰满，性格鲜明，令读者难以忘怀。诗人继承了先知文学以及启示文学的传统，把澎湃的激情和匪夷所思的幻想相结合，把对现实的评判和对"天国"诚挚的信仰相结合，展示出诗人惊人的想象力，把以梦幻、寓意和象征为特点的中世纪文学艺术推向了高峰。

威廉·莎士比亚有哪些作品？

莎士比亚（W. William Shakespeare；1564~1616）是英国文艺复兴时期伟大的剧作家和诗人，也是欧洲文艺复兴时期人文主义文学的集大成者，公元1564年4月23日生在英格兰沃里克郡斯特拉福镇，代表作有四大悲剧《哈姆雷特》、《奥赛罗》、《李尔王》和《麦克白》；四大喜剧《第十二夜》、《仲夏夜之梦》、《威尼斯商人》和《无事生非》；历史剧《亨利四世》、《亨利五世》、《理查二世》等，还写了154首十四行诗和长诗。他是"英国戏剧之父"。他的大部分作品都已被译成多种文字，他的剧作也在许多国家上演。1616年5月3日莎士比亚病逝，享年52岁。

莎士比亚在1564年出生在英国中部瓦维克郡埃文河畔斯特拉特福的一位富裕的市民家庭。他少年时代，在"文学学校"学习，掌握了写作的基本技巧和较丰富的知识，还没有毕业就走上独自谋生之路。他当过肉店学徒，教师，还干过其他各种职业，这让他增长了许多社会阅历。1597年重返家乡购置房产，度过人生最后时光。

莎士比亚的作品有：悲剧：《罗密欧与朱丽叶》、《麦克白》、《李尔王》、《哈姆雷特》、《奥瑟罗》、《泰特斯·安特洛尼克斯》、《裘力斯·凯撒》、《安东尼与克莉奥佩屈拉》、《科利奥兰纳斯》、

《特洛埃围城记》、《雅典的泰门》等。喜剧：《错中错》、《终成眷属》、《皆大欢喜》、《仲夏夜之梦》、《无事生非》、《一报还一报》、《暴风雨》、《驯悍记》、《第十二夜》、《威尼斯商人》、《温莎的风流娘们》、《爱的徒劳》、《维洛那二绅士》、《泰尔亲王佩力克尔斯》、《辛白林》、《冬天的故事》等。历史剧：《亨利四世》、《亨利五世》、《亨利六世》、《亨利八世》、《约翰王》、《里查二世》、《里查三世》。十四行诗：《爱人的怨诉》、《鲁克丽丝失贞记》、《维纳斯和阿多尼斯》、《热情的朝圣者》、《凤凰和斑鸠》等。

巴尔扎克的作品有哪些？

巴尔扎克 Honoré de Balzac（1799～1850），是19世纪法国伟大的批判现实主义作家，欧洲批判现实主义文学的奠基人以及杰出代表。他创作的《人间喜剧》具有法国社会的"百科全书"之称，它一共91部小说，写了2400多个人物，充分展示了19世纪上半叶法国社会生活.

巴尔扎克1799年5月20日生在法国中部的图尔城。15岁随父母迁往巴黎。17岁进入法科学校读书，课余曾先后在律师事务所以及公证人事务所当差，还旁听巴黎大学的文学讲座，获文学学士衔。20岁开始从事文学创作。为维持生计，1825～1828年他曾先后从事出版业以及印刷业。经过探索和磨炼，巴尔扎克走上现实主义文学创作道路。1829年写了长篇小说《最后一个舒昂党人》，初步奠定了在文学界的地位。1831年写的《驴皮记》为他赢得声誉，成为法国最负盛名的作家之一。1841年他将自己作品的总名定为《人间喜剧》还在《"人间喜剧"前言》中宣称要当社会历史的"书记"。

1829～1849 年，巴尔扎克为《人间喜剧》写出了 91 部作品，包括长篇、中篇、短篇小说以及随笔等，有《风俗研究》、《哲学研究》以及《分析研究》三个部分。长篇小说《欧也妮·葛朗台》、《高老头》、《幻灭》、《农民》以及《贝姨》等。

巴尔扎克是长子，但很少得到家庭的温暖，出生不久就被送到图尔近郊，由一个宪兵的妻子抚养，几乎被家人遗忘。他稍大一些就被送到旺多姆教会学校寄读，过着十分严格的幽禁生活，学校的制度古板而严肃，教师冷漠而残酷，回到家以后又得不到父母的宠爱，有的是接连不断的白眼与呵斥。

巴尔扎克决意去书籍的王国里寻找他的乐趣。在 1814 年随父母迁往巴黎。在巴黎，巴尔扎克完成了学业，还顺利进入大学学习法律。在校期间，他去律师事务所做文书工作。这让他认识到巴黎是可怕的魔窟，了解到很多是法律治不了的万恶之事，也看到了资本主义法律的虚伪，这些成为他日后的创作的最好的素材。

1820 年《克伦威尔》创作的失败，让他的生计受到了影响，父母也向他发出最后的通牒。为了生存，他决定和"魔鬼"订立契约，"卖文"为生，发表了很多"日常消费"的浪漫小说。

1825 年他和一位出版商合作，出版古典作品，谋求利益，后来欠债达万余法郎。为了还债，他先后经营印刷厂、铸字厂，结果是债台高筑，这也使他获得了无比丰厚的创作素材。

1829 年，标志着一个伟大的文学家的诞生。他的创作进入了一个全新的时期。这时，他用现实主义的手法写作的第一部成功作品是《朱安党人》。作品无论从结构、表现技巧和军事细节方面都显示出伟大小说家的才华，为巴尔扎克向现实主义道路的发展奠定了坚

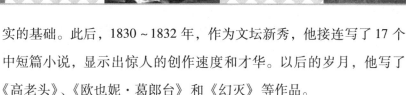

实的基础。此后，1830～1832年，作为文坛新秀，他接连写了17个中短篇小说，显示出惊人的创作速度和才华。以后的岁月，他写了《高老头》、《欧也妮·葛朗台》和《幻灭》等作品。

20年内他出版了90几部作品，每部作品都经过反复的修改，排一次版，校样要换十几次。巴尔扎克死的时候才50岁，是因为夜里工作，熬夜还喝过量的咖啡而患血热症死的。

托尔斯泰有哪些作品？

列夫·尼古拉耶维奇·托尔斯泰（1828～1910）是19世纪末20世纪初最伟大的文学家，是19世纪俄国伟大的批判现实主义作家，还是世界文学史上最杰出的作家之一。他被称作具有"最清醒的现实主义"的"天才艺术家"。主要作品有长篇小说《战争与和平》、《安娜·卡列尼娜》和《复活》等，还创作了大量的童话，是大多数人所崇拜的对象。他的作品，还被称作"俄国十月革命的镜子"。

1828年9月9日出生在图拉省晓金区。托尔斯泰家是名门贵族，托尔斯泰1岁半丧母，9岁丧父，是姑妈将他抚养长大的。

托尔斯泰自幼接受典型的贵族家庭教育。1844年进入喀山大学东方系，攻读土耳其语、阿拉伯语，准备做外交官。但因期终考试不及格，次年转入法律系。他不专心学业，迷恋社交生活，同时还对哲学特别是道德哲学感兴趣，喜爱卢梭的学说和其为人，还广泛阅读文学作品。他于1847年4月退学，回到亚斯纳亚·波利亚纳。

1850年秋天，托尔斯泰为农民子弟开办学校。1851年4月底随服军役的长兄尼古拉赴高加索，在高加索部队中服役两年半。1854年3月，他加入多瑙河部队。

一口气读懂人文常识

托尔斯泰在高加索就开始创作，先后发表《童年》、《少年》以及《塞瓦斯托波尔故事》等小说。1855年他来到彼得堡，受到屠格涅夫与涅克拉索夫等人的欢迎，并逐渐结识了冈察洛夫、费特、奥斯特洛夫斯基、德鲁日宁、安年科夫以及鲍特金等作家与批评家。不久，他与车尔尼雪夫斯基相识，但不同意他的文学见解。

1857年托尔斯泰到法国、瑞士、意大利以及德国游历。1859～1862年他几乎中辍创作，先后在亚斯纳亚·波利亚纳以及附近农村为农民子弟办了20多所学校，并曾研究俄国与西欧的教育制度，1860～1861年还到德、法、意、英以及比利时等国考察学校，后还创办《亚斯纳亚·波利亚纳》教育杂志。1862年7月他外出时，家中遭到宪兵搜查。不久他关闭了学校。

从1863年起他用6年时间写成巨著《战争与和平》。1868年秋～1869年夏，他对叔本华哲学发生兴趣，还受到影响。70年代，他创作《安娜·卡列尼娜》。此后，他访问神父、主教、修道士以及隐修士，还结识农民、独立教徒康·修塔耶夫。在《忏悔录》等论文里，对国家与教会进行猛烈的抨击。然而，他还反对暴力革命，宣扬基督教的博爱以及自我修身，要从宗教和伦理中寻找解决社会矛盾的道路。

1881年因子女求学的缘故，托尔斯泰全家迁往莫斯科，他访问贫民窟，参加1882年莫斯科人口调查，深入了解城市下层生活；1884年与他的信徒以及友人弗·契尔特科夫等创办"媒介"出版社，以印行接近托尔斯泰学说的书籍；1891～1893年和1898年，先后组织赈济梁赞省与图拉省受灾农民的活动；他努力维护受官方教会迫害的莫洛康教徒与杜霍包尔教徒，还在1898年决定把《复活》

的全部稿费资助杜霍包尔教徒移居加拿大。

在 1882 年和 1884 年，托尔斯泰曾想离家出走。最后，他在 1910 年 11 月 10 日从亚斯纳亚·波利亚纳秘密出走，在途中患肺炎，20 日在阿斯塔波沃车站去世。

主要作品有：《童年·少年·青年》、《一个地主的早晨》、《琉森》、《三死》、《家庭幸福》、《哥萨克》、《战争与和平》、《安娜·卡列尼娜》、《忏悔录》、《黑暗的势力》、《教育的果实》、《魔鬼》、《克莱采奏鸣曲》、《哈泽·穆拉特》、《伊凡·伊里奇之死》、《舞会之后》、《复活》和《主与仆》等

泰戈尔仅是诗人吗？

罗宾德拉纳特·泰戈尔 Rabindranath Tagore（1861～1941）他是一位印度著名诗人、文学家、作家、艺术家、社会活动家、哲学家以及印度民族主义者，出生在加尔各答市一个有深厚文化教养的家庭，是婆罗门种姓。1913 年他因为宗教抒情诗《吉檀迦利》获得诺贝尔文学奖，是首位获得诺贝尔文学奖的印度人和首个亚洲人。他同黎巴嫩诗人纪·哈·纪伯伦齐名，并称为"站在东西方文化桥梁的两位巨人"。泰戈尔是向西方介绍印度文化以及把西方文化介绍到印度的很有影响的人物。

1861 年 5 月 7 日，泰戈尔出生在西孟加拉邦加尔各答市，1941 年 8 月 7 日死在同地。泰戈尔进过东方学院、师范学校以及孟加拉学院，但没有完成正规学习。他的知识是从父兄以及家庭教师的教育和自己的努力中得到的。他从 13 岁开始诗歌创作，14 岁发表第一首长诗《野花》与爱国诗篇《献给印度教徒庙会》。1878 年，他到

英国留学，最初学习法律，后来转到伦敦大学学习英国文学，研究西方音乐。1880 年回国，从事文学创作。1884 年，他到乡村去管理祖传田产。1901 年，在孟加拉博尔普尔附近的圣地尼克坦创办学校。1905 年，泰戈尔到加尔各答投身运动，写出大量爱国诗篇。他在 1907 年退出运动回到圣地尼克坦，埋头创作。1913 年，他荣获诺贝尔文学奖。1930 年，他访问苏联，写有《俄国书简》。他始终关心世界政治与人民命运，支持人类的正义事业。

他的散文内容主要是社会、政治以及教育，他的诗歌，除了宗教内容外，最主要的是描写自然以及生命。在泰戈尔的诗歌中，生命本身以及它的多样性就是欢乐的原因。同时，他所表达的爱也是他的诗歌的内容之一。其重要诗作有诗集《故事诗集》、《吉檀迦利》、《新月集》、《飞鸟集》、《流萤集》、《园丁集》、《边缘集》、《生辰集》；重要小说有短篇《还债》、《弃绝》、《素芭》、《人是活着、还是死了？》、《摩诃摩耶》、《太阳与乌云》、中篇《四个人》、长篇《沉船》、《戈拉》、《家庭与世界》、《两姐妹》；重要剧作有《顽固堡垒》、《摩克多塔拉》、《人红夹竹桃》；重要散文有《死亡的贸易》、《中国的谈话》、《俄罗斯书简》等。

泰戈尔不仅是一位造诣很深的作家和诗人，还是一位颇有成就的作曲家以及画家。他一生共创作了 2000 多首激动人心、优美动听的歌曲。其中，他在印度民族解放运动高涨时期创作的不少热情洋溢的爱国歌曲，成为鼓舞印度人民同殖民主义统治进行斗争的有力武器。《人民的意志》这首歌，在 1950 年被定为印度国歌。泰戈尔在 70 高龄时学习作画，创作了 1500 帧画。1941 年，泰戈尔去世，享年 80 岁。

　　泰戈尔生在急剧变革的时代，受到印度传统哲学思想与西方哲学思想的影响。但他世界观最基本最核心部分还是印度传统的泛神论思想，也就是"梵我合一"。在《缤纷集》中，他第一次提出"生命之神"观念。他对神的虔诚是与对生活、国家以及人民的爱融合在一起的。这让他的诗歌也蒙上了浓厚的神秘主义色彩。另外，他主张东方的精神文明，但又不抹煞西方的物质文明。这些都使他的思想中充满了矛盾而表现在创作上。他的诗歌受印度古典文学、西方诗歌以及孟加拉民间抒情诗歌的影响，多为不押韵、不雕琢的自由诗以及散文诗；他的小说受西方小说的影响，又有创新，特别是将诗情画意融入其中，形成独特风格。

歌德写《浮士德》花了多长时间？

　　约翰·沃尔夫冈·冯·歌德（Johann Wolfgang von Goethe）（1749～1832）是18世纪中叶到19世纪初德国和欧洲最重要的剧作家、诗人和思想家，歌德除了诗歌、戏剧和小说之外，还在文艺理论、哲学、历史学以及造型设计等方面取得了卓越的成就。

　　歌德1749年8月28日出生在法兰克福镇的一个富裕的市民家庭，曾先后在莱比锡大学以及斯特拉斯堡大学学习法律，还当过律师。他年轻时就想成为画家，在绘画的同时，他还从事文学创作。1775～1786年他为改良现实社会，到魏玛公国当官，但一事无成。1786年6月他前往意大利，专心研究自然科学，从事绘画与文学创作。1788年回到魏玛后任剧院监督。

　　歌德的作品充满了狂飙突进运动的反叛精神，在诗歌、戏剧和散文等方面都有较高的成就，主要作品有剧本《葛兹·冯·伯里欣

一口气读懂人文常识

根》、中篇小说《少年维特之烦恼》、没有完成的诗剧《普罗米修斯》与诗剧《浮士德》的雏形，此外还写了许多抒情诗以及评论文章。

歌德到意大利后，写出了《在陶里斯的伊菲格尼亚》和《哀格蒙特》等作品，还写了《塔索》和《浮士德》的部分章节。

歌德晚年的创作非常丰富，重要的有《诗与真》和《意大利游记》；长篇小说《亲和力》以及《威廉·麦斯特的漫游时代》；抒情诗集《西方和东方的合集》，逝世前不久，还完成了《浮士德》第二部。

1832 年 3 月 22 日，歌德病逝。歌德是德国民族文学的最杰出的代表，他的创作将德国文学提高到全欧的先进水平，还对欧洲文学的发展做出了巨大的贡献。

《浮士德》是歌德的一部代表作，他花了 60 年写这部巨著。《浮士德》的第一部完成在 1808 年法军入侵的时候，第二部则完成在 1831 年 8 月 31 日，此时他已 83 岁高龄。这部不朽的诗剧，用德国民间传说作为题材，用文艺复兴以来的德国以及欧洲社会作为背景，写一个新兴资产阶级先进知识分子不满现实，积极探索人生意义以及社会理想的生活道路，是一部现实主义与浪漫主义结合得十分完好的诗剧。

伏尔泰是无神论者吗？

伏尔泰（Voltaire，1694～1778）：原名弗朗索瓦—马利·阿鲁埃，伏尔泰是他的笔名。他是法国启蒙思想家、文学家和哲学家。伏尔泰是 18 世纪法国资产阶级启蒙运动的旗手，被称为"法兰西思

想之王"、"法兰西最优秀的诗人"和"欧洲的良心"。他不但在哲学上有卓越成就，还以捍卫公民自由，尤其是信仰自由与司法公正而闻名。他的论说以讽刺见长，常常抨击基督教会的教条以及当时的法国教育制度。他主张天赋人权，主张人生来就是自由和平等的，一切人都具有追求生存和追求幸福的权利，这种权利是天赋予的，不能被剥夺，这就是天赋人权思想。

伏尔泰出生于巴黎一个富裕的中产阶级家庭，从小受过良好的教育。他父亲是法律公证人，希望他将来当个法官，但他对文学发生兴趣，后来成了一名文人。

他的作品以尖刻的语言以及讽刺的笔调而闻名。他曾经因为辛辣地讽刺封建专制主义而两次被投入巴士底狱。他的书被列为禁书，他本人多次被逐出国门。1725年他被迫流亡英国，对英国资产阶级的政治和文化发生了浓厚的兴趣。他研究英国的资产阶级君主立宪制，研究洛克的唯物主义经验论和牛顿的万有引力理论。

伏尔泰著名的文学作品有史诗《亨利亚德》和《奥尔良少女》；悲剧《欧第伯》，喜剧《放荡的儿子》；哲理小说《老实人》、《天真汉》。他又写过不少历史著作，如《查理十二史》、《风俗论》、《路易十四时代》和《论各民族的风俗与精神》等。在哲学方面，他的代表作有《哲学辞典》、《形而上学论》、《牛顿哲学原理》和《哲学通信》等著作。

伏尔泰相信自然权利说，他提倡人人在法律面前平等，还认为财产权利的不平等是不可避免的。在哲学上，他承认物质世界的客观存在，肯定认识来源于感觉经验，但是他又认为神是宇宙的"第一推动者"，他对劳动人民是十分鄙视的，以为他们只能干粗活，而

不能思考。

伏尔泰毕生主要从事戏剧创作，先后写有 50 多部剧本，其中大部分是悲剧。伏尔泰的文学作品中最有价值的是哲理小说。

伏尔泰尖刻地批判天主教会的黑暗统治。他将教皇比作"两足禽兽"，将教士称作"文明恶棍"，说天主教是"一些狡猾的人布置的一个最可耻的骗人罗网"。他倡导"每个人都按照自己的方式同骇人听闻的宗教狂热作斗争，一些人咬住他的耳朵；另一些人踩住他的肚子，还有一些人从远处痛骂他。"不过伏尔泰不是一个无神论者，而是一个自然神论者，主张对不同的宗教信仰采取宽容的态度。他终生同宗教偏见作斗争，但又认为宗教作为抑制人类情欲于恶习的手段是必不可少的。他认为要统治人民；宗教是不可缺少的。

伏尔泰在反封建的启蒙运动中做出了巨大的贡献，是值得人们永远纪念的。

鲁迅是中国的"民族魂"吗？

鲁迅（1881～1936），原名周樟寿、周树人，字豫山、豫亭，后来改成豫才。鲁迅是伟大的无产阶级的文学家，思想家和革命家，出生在浙江绍兴府城内东厂房口，汉族。在 1918 年 5 月，第一次以"鲁迅"为笔名，发表了中国文学史上第一篇白话小说《狂人日记》。他的著作是以小说和杂文为主，代表作有：小说集《呐喊》、《彷徨》、《故事新编》，散文集《朝花夕拾》，散文诗集《野草》，杂文集《坟》、《热风》、《华盖集》、《南腔北调集》、《三闲集》、《二心集》、《而已集》等 16 部。鲁迅先生以笔代戈，战斗一生，被誉为"民族魂"。

一口气读懂人文常识

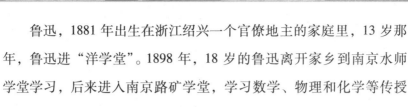

鲁迅，1881年出生在浙江绍兴一个官僚地主的家庭里，13岁那年，鲁迅进"洋学堂"。1898年，18岁的鲁迅离开家乡到南京水师学堂学习，后来进入南京路矿学堂，学习数学、物理和化学等传授自然科学知识的课程。

1902年，他东渡日本，开始在东京弘文学院补学日语，后来到仙台医学专门学校学习。在日本，鲁迅经常遭到具有军国主义倾向的日本人的高度歧视，他意识到要改变中华民族在世界上的悲剧命运，首要的就是改变所有中国人的精神，而能够改变中国人的精神的，那就首先是文学和艺术。因此，鲁迅弃医从文，回到东京，翻译外国文学作品，筹办文学杂志，发表文章，进行文学活动。在当时，他和朋友们讨论最多的是关于中国国民性的问题：怎样才是理想的人性？中国国民性中最缺乏的是什么？它的病根何在？通过这种思考，鲁迅把个人的人生体验与整个中华民族的命运联系起来，奠定了他后来成为一个文学家、思想家的基本思想基础。

1909年，他从日本回国，先后在杭州浙江两级师范学堂与绍兴府中学堂当教员。五四运动之后，他在教育部任职，还同教育部一起迁往北京。1918年，鲁迅在《新青年》杂志上发表了他的第一篇白话小说《狂人日记》。

1928年，鲁迅写了《呐喊》和《彷徨》，1937年还创作了散文集《朝花夕拾》以及散文诗集《野草》。《呐喊》与《彷徨》中的小说是鲁迅对现实社会人生的冷峻的刻画，用意是要警醒沉睡的国民；《朝花夕拾》中的散文就是鲁迅温馨的回忆，是对滋养过他的生命的人以及物的深情的怀念。最能充分体现先生创造精神以及创造力的还应该首推他的杂文。在中国现代文化史上，到了鲁迅的手中，"杂

文""是匕首、是投枪"，这种文体才表现出它独特的艺术魅力以及巨大的思想潜力。从五四起，鲁迅就开始用杂文的形式同反对新文化的各种不同的论调进行斗争，但那时他还是不自觉的。到了后来，有些人嘲笑他是一个"杂文家"，他才意识到"杂文"的力量，就开始自觉地从事杂文的创作。鲁迅一生写了《坟》、《热风》、《华盖集》、《华盖集续编》、《三闲集》、《二心集》、《南腔北调集》、《伪自由书》、《准风月谈》、《花边文学》、《且介亭杂文》、《且介亭杂文二集》以及《且介亭杂文末编》等15部杂文集。鲁迅杂文是中国现代文学史上难得的作品。先生晚年还写了一部小说集《故事新编》。

鲁迅在短篇小说、散文、散文诗、历史小说以及杂文各种类型的创作中，都有自己的创造。他的一生是为中华民族的生存与发展挣扎奋斗的一生，他用自己的笔坚持社会正义，反抗强权，保护青年，还培育新生力量。他写下了《记念刘和珍君》等一系列充满正义、震撼人心的文章。

1936年10月19日，鲁迅先生由于肺结核病逝在上海，上海民众上万名自发举行公祭、送葬，将他葬在虹桥万国公墓。在他的灵柩上覆盖着一面旗帜，上面写着"民族魂"三个字。

鲁迅一生的著作以及译作近1000万字，其中杂文集共16本。

维克多·雨果是"法兰西的莎士比亚"吗？

维克多·雨果（Victor Hugo，1802～1885）是19世纪浪漫主义文学运动领袖，人道主义的代表人物，他被人们称为"法兰西的莎士比亚"。

雨果出生在法国东部紧挨瑞士的杜省贝桑松，10岁到巴黎上学，

中学毕业到法学院学习，但他的兴趣是写作。15 岁时，雨果在法兰西学院的诗歌竞赛会得奖；17 岁，在"百花诗赛"得了第一名；20 岁，雨果出版了诗集《颂诗集》之后，还写了大量异国情调的诗歌。后来，他对波旁王朝以及七月王朝都感到失望，成为共和主义者。他还写过许多诗剧与剧本，还有几部小说。

1841 年雨果当选为法兰西学院院士，1845 年成为上院议员，1848 年二月革命后，他成为共和国议会代表，1851 年拿破仑三世称帝，雨果奋起反对，后来被迫流亡国外，期间写下一部政治讽刺诗《惩罚集》。

1870 年法国不流血革命推翻了拿破仑三世后，雨果回到巴黎。他死后法国全国致哀，被安葬在"先贤祠"。

贯穿雨果一生活动与创作的主导思想是人道主义，也就是反对暴力、以爱制"恶"。雨果一生经历了 19 世纪法国的所有重大事变，写了多部诗歌、小说、剧本、各种散文与文艺评论以及政论文章，是法国有影响力的人物。雨果的创作历程超过 60 年，其作品包括 26 卷诗歌、20 卷小说、12 卷剧本、21 卷哲理论著，一共 79 卷，给法国文学与人类文化宝库增添了一份十分辉煌的文化遗产。他的代表作有：长篇小说《巴黎圣母院》、《悲惨世界》、《海上劳工》、《笑面人》和《九三年》，诗集《光与影》等。短篇小说《"诺曼底"号遇难记》等。

高尔基写了哪些作品？

高尔基（1868～1936）全名是马克西姆·高尔基，原名阿列克赛·马克西莫维奇·彼什科夫，又叫斯克列夫茨基，是苏联伟大的

无产阶级作家，社会主义和现实主义文学奠基人，是无产阶级革命文学导师，还是苏联文学的创始人。1868 年 3 月 28 日出生在苏联伏尔加河畔的下诺夫戈罗德城。

他早年丧父，11 岁开始独自谋生，他的童年以及少年时代是在旧社会的底层度过的。对社会底层人民痛苦生活的体验以及深切了解成了他创作中永不枯竭的源泉。1892 年，以马克西姆·高尔基（意思是最大的痛苦）这个笔名，发表了处女作《马卡尔·楚德拉》。高尔基早期作品中，最有名的浪漫主义短篇是 1895 年的《伊则吉尔老婆子》和《鹰之歌》以及《切尔卡什》。1899 年，高尔基写了第一部长篇小说《福马·高尔杰耶夫》。1901 年，高尔基由于参加彼得堡的示威游行而被捕。著名散文诗《海燕之歌》就写在这个时期。同年，他写了第一个剧本《小市民》。1902 年，他写了剧本《在底层》，这是高尔基戏剧的代表作。在 1905 年，高尔基参加了革命运动，他的住宅成为 1905 年莫斯科武装起义的据点之一。

他的作品有《海燕之歌》、《母亲》、《童年》、《在人间》、《我的大学》、《早晨》、《马卡尔·楚德拉》、《伊泽吉尔老太婆子》、《圣诞节的故事》、《加那瓦洛夫》、《在草原上》、《奥尔洛夫夫妇》、《沦落的人们》、《春天的旋律》、《戈尔特瓦的集市》、《一本令人不安的书》、《阿尔达莫洛夫家事》、《克里姆·沙姆金的一生》、《小市民》和《鹰之歌》。

马克·吐温是记者吗？

马克·吐温（Mark Twain，1835～1910），原名是塞缪尔·朗赫恩·克莱门斯（Samuel Langhorne Clemens）他是美国的幽默大师、

小说家和作家，也是著名演说家，是 19 世纪后期美国现实主义文学的杰出代表。写作风格是熔幽默与讽刺一体，既富有独特的个人机智和妙语，又不乏深刻的社会洞察和剖析，既是幽默辛辣的笑的杰作，又是悲天悯人的严肃！

"马克·吐温"是他最常使用的笔名，一般认为这个笔名是来自他早年水手术语，马克·吐温的意思是：水深 12 英尺，他曾当过领航员，同他的伙伴测量水深时，他的伙伴叫道"Mark Twain!"意思是"两个标记"，也就是水深两浔（1 浔约 1.1 米），这是轮船安全航行的必要条件。

马克·吐温是 1835 年 11 月 30 日出生在美国密苏里州佛罗里达的乡村的贫穷律师家庭。他上学时就开始打工。12 岁时，开始了独立的劳动生活，先在印刷所学徒，当过送报人以及排字工，后来又在密西西比河上当水手以及舵手。儿时生活的贫穷与长期的劳动生涯，不仅为他以后的文学创作累积了素材，更造就了一颗正义的心。

1851 年，马克·吐温就开始给他哥哥奥利安创办的《汉尼拔杂志》写草稿。在他 18 岁时，他离开汉尼拔，在纽约市、费城、圣路易与辛辛那提市都当过印刷工人。22 岁时，他回到密苏里州。

当战争开始时，吐温与他的朋友加入了一队联邦的民兵部队，还加入了一场战争，吐温发现他根本不能忍受自己杀任何人，因此他离开了。吐温就到他的哥哥奥利安那里去。吐温和他哥哥乘公共马车花了两个多星期横越了大平原区与洛基山脉。他们到了盐湖城摩门教的社会。在那里，他成了一名矿工。放弃了矿工一职后，他到加州旧金山旅行，在那里他成为一名记者，还开始做演讲。他写了著名的旅行信件系列《傻子旅行》。1871 年，吐温一家迁往康乃

迪克州哈特福特。吐温还成为了作家威廉·迪安·豪威尔士的好朋友。1907年，牛津大学颁给他文学博士学位。

马克·吐温的第一部巨著《卡城名蛙》，在1865年11月18日的《纽约周六报刊》首次出版。这以后，《沙里缅度联邦报》让马克吐温去夏威夷当通讯记者。1867年，吐温乘游艇前往费城，要住5个月。这一游导致了《傻子旅行》的诞生。1872年，吐温的文学著作《艰苦岁月》完成。

《密西西比河的旧日时光》一系列的小品在1875年出版，其后吐温又写了《密西西比河上的生活》。之后吐温又写了回忆其在汉尼拔的童年生活的《汤姆·索亚历险记》。

罗曼·罗兰是《名人传》的作者吗?

罗曼·罗兰（Romain Rolland，1866～1944），是法国思想家，文学家，法国批判现实主义作家、音乐评论家以及社会活动家。1866年1月29日，罗曼·罗兰生在法国中部高原上的小市镇克拉姆西。15岁时，随父母迁往巴黎。1899年，罗曼·罗兰在法国巴黎高等师范学校毕业，取得了中学教师终身职位的资格，后来入罗马法国考古学校当研究生。回国后他在巴黎高等师范学校以及巴黎大学讲授艺术史，还从事文艺创作。

20世纪初，他的创作进入一个崭新的阶段，他连续写了几部名人传记：《贝多芬传》、《米开朗基罗传》以及《托尔斯泰传》，共称《名人传》。同时发表了他的长篇小说杰作《约翰·克利斯朵夫》，这是他的代表作，被称作是20世纪最伟大的小说之一。这部巨著共10卷，以主人公约翰·克利斯朵夫的生平作为主线，描

一口气读懂人文常识

述了这位音乐天才的成长、奋斗以及终告失败，同时对德国、法国、瑞士和意大利等国家的社会现实，作了不同程度的真实写照，谴责了资本主义社会对艺术的摧残。全书就像一部庞大的交响乐。这本小说在1913年获法兰西学院文学奖金，因此，罗曼·罗兰成为法国当代最重要的作家。1915年，为了表彰"他的文学作品中的高尚理想和他在描绘各种不同类型人物所具有的同情和对真理的热爱"，罗兰被授予诺贝尔文学奖。他还是20世纪上半叶法国著名的人道主义作家。

罗曼·罗兰于1919年发表了《哥拉·布勒尼翁》，1920年发表了《格莱昂波》与《皮埃尔和吕丝》，1922～1933年还发表了另一部代表作《欣悦的灵魂》。他发表了音乐理论与音乐史的重要著作七卷本《贝多芬的伟大创作时期》，此外还写过诗歌、文学评论、日记以及回忆录等各种体裁的作品。

罗曼·罗兰的艺术成就主要是他用豪爽质朴的文笔刻画了在时代风浪中，为追求正义和光明而奋勇前进的知识分子形象。他是一个有广泛国际影响的作家，也是著名的社会活动家，一生为争取人类自由、民主和光明进行了不屈的斗争。他的小说特点，常常被人们归纳为"用音乐写小说"。他还是传记文学的创始人。

罗曼·罗兰的主要作品有前期的《革命戏剧集（包括《群狼》、《丹东》、《七月十四日》等8部剧本)，《贝多芬传》、《米开朗基罗传》、《托尔斯泰传》、长篇巨著《约翰·克利斯朵夫》，中篇小说《哥拉·布勒尼翁》，后期的长篇小说《欣悦的灵魂》、《阿耐蒂和西勒维》、《夏天》、《母与子》、《女预言家》和一系列散文、回忆录以及论文等。

海明威是新闻体小说的创始人吗?

欧内斯特·海明威（Ernest Hemingway，1899～1961）是美国小说家，是1954年度的诺贝尔文学奖获得者，还是"新闻体"小说的创始人。

童年时，他母亲让他练习拉大提琴，他父亲教他钓鱼与射击，海明威有一个快乐健康的童年。他是一个标准美国男孩；学习成绩好，体育运动全面发展，参加辩论团，在学校乐队里拉大提琴，编辑学校报纸，还给文学杂志投稿，写短篇小说和诗。

毕业前两个月，美国参战。因他左眼有毛病，不能去打仗。1917年10月，他进堪萨斯市的《星报》当见习记者。6个月之中，他采访医院与警察局，还从《星报》优秀的编者G·G·威灵顿那里学到了出色的业务知识。海明威在相当短的时间里，学会将写新闻的规则转化成文学的原则。

但是，战争的吸引力对海明威越来越大，他在1918年5月，开始这场探险。他志愿在意大利当红十字会车队的司机，在前线只呆了一个星期，但意外的负伤和战争的经验对他的身体和精神都造成了创伤，这种深远的影响在其之后的文学创作中表现出来。

海明威曾有一段时间为多伦多《每日星报》以及《星报周刊》写特写。21岁时，海明威到芝加哥当了一年《合作福利》的编辑。那年冬天，他认识了文学界的朋友舍伍德·安徒森，还通过安徒森，认识了"芝加哥派"的其他成员。1921年，当了几个月的特写记者。海明威夫妇接受了驻国外兼职记者的工作。此后两年，海明威成为《星报》驻欧洲的流动记者。他的早期新闻工作的训练，让他

写的电报浓缩、紧凑。

1922年，他凭舍伍德·安徒森的一封介绍信，带着他的作品去见葛屈露德·斯泰因，斯泰因鼓励他当作家并放弃新闻记者的工作。5月份和6月份，海明威第一次公开发表作品《神妙的姿势》以及一首只有四行的诗《最后》。

1923年，他几篇作品被刊物采用。哈丽特·蒙罗在《诗歌》上发表他的一首短诗；玛格瑞特·安德生与琴·希普在《小评论》上发表了他6个短篇；1923年夏天，罗伯特·麦卡门发表海明威第一部作品《三篇故事和十首诗》。

海明威夫妇在1923年8月离开巴黎。1926年10月斯克利布纳公司出版了《太阳照样升起》。1929年发表了《永别了，武器》。1927年海明威写了《没有女人的男人》。1934～1936，他给《老爷》杂志写了23篇生动但没有多大价值的文章。他还发表了两部非小说的作品：《午后之死》和《非洲的青山》。

他的主要作品有：《非洲的青山》、《太阳照常升起》、《永别了、武器》、《第五纵队·西班牙大地》、《曙光示真》、《不固定的圣节》、《过河入林》、《丧钟为谁而鸣》、《危险的夏天》、《老人与海》、《伊甸园》、《死在午后》、《岛在湾流中》、《有钱人和没钱》、《乞力马扎罗的雪——海明威短篇小说精选集》等。

海明威生前曾获得以下奖项：第二次世界大战期间获得银制勇敢勋章；因在第二次世界大战期间当非官方的军事通讯记者而在1947年获得铜星勋章；1953年凭《老人与海》获得普立兹奖；1954年凭《老人与海》及一生的文学成就获得诺贝尔文学奖。

一口气读懂人文常识

人文伦理篇

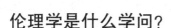

伦理学是什么学问?

伦理学的英文是 Ethics，它是关于道德的科学，又叫道德学或道德哲学。伦理学一词来自希腊文 εтηоs，意思是风俗、习惯和性格等。古希腊哲学家亚里士多德第一个让它拥有伦理与德行的含义，他写的《尼各马可伦理学》是西方最早的伦理学专著。

伦理学的研究对象是道德现象，它包括道德意识现象，道德活动现象和道德规范现象等。伦理学把道德现象从人类活动中区分开来，研究道德的本质、起源以及发展，道德水平与物质生活水平之间的关系，道德的最高原则与道德评价的标准，道德规范体系，道德的教育与修养，人生的意义、人的价值以及生活态度等问题。其中，最重要的是道德和经济利益以及物质生活的关系、个人利益和整体利益的关系问题。伦理学是哲学的一个分支学科，也是道德哲学与道德学。

伦理学和哲学有着密切的关系。伦理学的理论基础是哲学，人们的世界观与历史观对人们的道德实践有着直接的影响。同时，伦理学同美学、心理学、社会学与教育学等学科也相互影响、相互渗透。

何谓伦理?

伦，即人际关系；理，即行为规范。简而言之，伦理学就是研究人际关系中人的行为规范的科学。它的主要理论是必然论、功利论、德行论、道义论以及契约论。

儒学的思想只是孔子一个人的吗?

儒学，就是儒家学说，又叫儒学，起源于东周春秋时期，与

一口气读懂人文常识

"道家"、"墨家""法家""阴阳家"等同属诸子百家之一，从汉朝的汉武帝时期开始，成了中国社会的正统思想，要是从孔子算起，到现在已有2500多年的历史了。随着社会的变化和发展，儒家学说从内容、形式到社会功能都在不断地变化和发展。

春秋时期的"士"是官吏身份，作为一名"士"的最基本条件与责任：一是要用道德上的羞耻心来规范自己的行为，这是对士的道德品质方面的要求。二是在才能上要能完成国君所交给的任务。这是对士的实际办事才能方面的要求。这两方面要统一，才是一名合格的士，也就是一名完美的儒者的形象。

原始儒学的主要内容就是关于"士"的修身方面的道德规范与从政方面的治国原则。孔子、孟子以及荀子所提出的各种道德规范与治国原则，都是十分具体的、为人处世中践行的规范以及原则，而不是一般的抽象的形而上学原理。孔子是把"仁"当作士君子最根本的道德规范来要求的。《论语》一书中记载着很多孔子回答弟子们问"仁"的言论，它的内容都是实行行为中所要遵循的各种具体规范以及原则。《论语》一书中还有许多孔子答问治理国家方面的言论，也是十分具体的实践行为中遵守的规范原则。

孟子除了进一步发展孔子的"仁以修身"的思想外，还推行"仁政"学说，它所讲的"仁政"内容，同样也是十分具体的。他的论说，大多是感性直观的。孔子、孟子在修身和治国方面提出的实践规范与原则，带有浓厚的理想主义成分，他希望人的本性的自觉来实现。所以，孔子竭力主张"克己"、"修身"、"为仁由己"等。而孟子就以"性善"作为根据，认为只要不断扩充人的"恻隐之心"、"羞恶之心"、"辞让之心"、"是非之心"以及"求其放

心"，就能恢复人的"良知"、"良能"，也就可以实现"仁政"理想。

荀子的思想则不同，具有很多的现实主义倾向。他在重视礼义道德教育，还强调了政法制度的惩罚作用。他认为，人的本性是恶的，顺着人性的自然发展，一定会造成社会的争乱。因此，必须用礼义法度等来教导人的自然本性，也就是他说的"化性起伪"，然后人才能合乎群体社会的公共原则与要求。因此，荀子主张"师"和"法"的教育以及规范作用。可以说都是非常富有现实主义的。它都是在肯定当时已经形成的社会等级与职业分工的基础上，来规定社会每一个成员的名分与位置，并要求人各尽其职，从而实现整个社会的和谐一致。

原始儒家在先秦春秋末到战国时期是社会上具有广泛影响的"显学"之一。在之后，原始儒家影响了两汉政治制度化宗教化儒学，宋、明、清时期性理之学的儒学，还有近现代新儒学。

道家的主张是什么？

道家是先秦时代的一个思想派别，老子和庄子是主要代表。道家的思想崇尚自然，有辩证法的因素与无神论的倾向，同时主张清静无为，反对斗争。

道家思想的核心就是"道"，他们认为"道"是宇宙的本源，也是统治宇宙中一切事物变化发展的法则与规律。道家思想用独特的宇宙、社会与人生领悟，在哲学思想上呈现出永恒的价值和生命力。

春秋战国时期形成的一个以"道"为核心的学派。它的创立者

是著名思想家老子，他的名字叫李耳。道家的主要代表人物还有著名思想家庄子，又称庄周。后来，道家又和名家、法家合流，还兼取阴阳家、儒家以及墨家的长处而形成了黄老学派，主张是以虚无作为根本，认识事物的因果关系并进行运用，根据时间和事物的情况而采取措施，认为无为才能达到无所不为。道家思想一直影响着中国传统思想文化。

道家重视人性的自由和解放。解放既是人的知识能力的解放，又是人的生活心境的解放。道家的代表作是《老子》，又叫《道德经》。它是一部简括而有韵的哲学理论著作。其思想内容是：绝圣弃智，忘情寡欲，提倡清净无为，无知无欲；对统治阶级的严刑重税不满，想要倒退到小国寡民的社会。

杂家是什么时期的哲学？

杂家是中国战国末到汉初的哲学学派。它以博采各家之说见长。它的特点是"兼儒墨，合名法"，杂家虽然只是集合众说，兼收并蓄，然而通过采集各家言论，贯彻其政治意图以及学术主张，所以自成一家。杂家是统一的封建国家建立过程中思想文化融合的结果。杂家著作有秦代的《吕氏春秋》、西汉的《淮南子》，分别是秦相吕不韦与汉淮南王刘安招集的门客写的，对诸子百家理论兼收并蓄，可是有些庞杂。又因杂家著作重道家思想，所以有人认为杂家是新道家学派。

战国末期，经过社会变革，封建制国家纷纷出现，新兴地主阶级就要求政治上和思想上的统一。学术思想上就出现了将各派思想融合为一的杂家，杂家的产生，反映了战国末学术文化融合的

一口气读懂人文常识

趋势。

杂家的代表性人物有吕不韦，卫国濮阳人。他担任秦相期间，招揽门客 3000 多人，还亲自参与编著，花了近 10 年的时间，编成《吕氏春秋》，是杂家重要的代表性著作。

佛学有哪些主张？

佛是人而不是神，佛教的教主是释迦牟尼，释迦牟尼时代的印度，社会有婆罗门、贵族、平民和奴隶四大阶级，而贵为太子的释迦牟尼看见社会阶级的不合理，毅然树起平等的旗帜，主张废除阶级对立，提倡众生平等。释迦牟尼把他的觉悟、成就以及造诣，完全归功于人自己的努力和才智。释迦牟尼的观点是，一个人的吉凶祸福与成败荣辱，是由自己的行为的善恶和努力与否决定的。

释迦牟尼说法 49 年，谈经 300 多会或次，就是为人们指出一条"成佛之道"，也就是自己创造最彻底圆满的智慧和人格。但这一条路是要自己凭着毅力、智慧以及恒心去走完它。

佛是真平等者，它的的主张有无缘大慈：佛教提倡不但对和自己有关系的人要慈爱，同时对和自己没有亲戚、朋友关系的人也要慈爱；同体大悲：同体大悲就是一种人饥己饥、人溺己溺的精神，将宇宙间一切众生看成人我一体，休戚与共、骨肉相连。就是佛教平等的观念，并不只局限在万物之灵的人，而是宇宙众生。

"佛"就是对一个觉悟者的通称。佛不是单指释迦牟尼一个人，人人可以成佛，处处可以有佛，人在佛中，自然成佛。自然就是万万千千，包括花草树木，人鬼禽兽，就算纵然是魔，只要放下屠刀，也可成佛。而人要想成佛就需要自然，万万不可急于求成，要心如止水，要破除贪，嗔，痴三毒。只有这样就会自然而然，顺理成章，立地成佛。其外，不只这个世界有佛，宇宙中无数个星球上都可以有佛。

佛不是生而知之者，释迦牟尼也是一个平平凡凡的人，他姓乔达摩，名字叫悉达多，西元前6世纪生在北印度，也就是今天的毗邻尼泊尔南方国境，卡德曼多约200千米处叫做伦明丽的地方。他在29岁那年舍弃了可以继承的王位，出家学道，寻求解脱人生苦恼的方法。6年后，释迦牟尼在尼连禅河旁的菩提树下证得了正觉，正确而透彻地觉悟了宇宙人生的根本道理。释迦牟尼只是人类无数的先知先觉之一。佛同我们的不同，只是在觉悟上的不同。

佛教不承认有顽劣不可教化的人，佛教认为人性是善良的，只要放下屠刀，立地就能成佛。佛更认为真正的"犯人"就是无知，一切罪恶都是由于无知也就是佛教说的"无明"所引生出来的。因此苦口婆心地、日夜不停地开导和启发众生，就能成佛。佛关怀众生，不但不忍心众生身受地狱之苦，而且认为只要地狱没有空，就不能成为佛；只有众生度尽了，才算是觉悟了。

诺贝尔奖在什么时候颁发？

诺贝尔奖是用瑞典著名化学家、硝化甘油炸药的发明人，阿尔弗雷德·贝恩哈德·诺贝尔（Alfred Bernhard Nobel, 1833～1896）的部分遗产作为基金创立的。诺贝尔奖包括金质奖章、证书以及奖金支票。

诺贝尔出生在瑞典的斯德哥尔摩。诺贝尔一生从事炸药的研究，在硝化甘油的研究方面取得了重大成就。他一生共获得技术发明专

利 255 项，并在欧美等五大洲 20 个国家开设了约 100 家公司、工厂，积累了巨额财富。

1896 年 12 月 10 日，诺贝尔在意大利去世。去世的前一年，他留下了遗嘱。在遗嘱中他提出，把部分遗产作为基金，用利息分设物理、化学、生理或医学、文学及和平 5 种奖金，授予世界各国在这些领域对人类做出重大贡献的学者。

1900 年 6 月瑞典政府批准设置了诺贝尔基金会，并在次年诺贝尔逝世 5 周年纪念日，也就是 1901 年 12 月 10 日，首次颁发诺贝尔奖。从此以后，除因战时中断外，每年的这一天分别在瑞典首都斯德哥尔摩与挪威首都奥斯陆举行隆重授奖仪式。

1968 年瑞典中央银行在建行 300 周年之际，提供资金增设诺贝尔经济奖，并在 1969 年开始同其他 5 项奖同时颁发。

1990 年诺贝尔的一位重侄孙克劳斯·诺贝尔又提出增设诺贝尔地球奖，授予杰出的环境保护成就获得者。该奖在 1991 年 6 月 5 日世界环境日之际首次颁发。

每次诺贝尔奖的发奖仪式都是下午举行，这是由于诺贝尔是 1896 年 12 月 10 日下午 4：30 去世的。为了纪念这位为人类进步与文明做出过重大贡献的科学家，在 1901 年第一次颁奖时，人们便选择在诺贝尔逝世的时刻举行仪式。这一有特殊意义的做法一直沿用到现在。

《理想国》是柏拉图写的吗？

柏拉图（Plato，约前 427～前 347），是古希腊伟大的哲学家，也是全部西方哲学甚至整个西方文化最伟大的哲学家、思想家之一，

一口气读懂人文常识

119

他与老师苏格拉底，学生亚里士多德并称为古希腊三大哲学家。

柏拉图出身在雅典贵族家庭，从师苏格拉底。他游历四方，曾到埃及、小亚细亚以及意大利南部从事政治活动，想实现他的贵族政治理想。公元前387年，他回到雅典，设立了一所学园，在这里执教40年，直至去世。他一生著述颇丰，他的教学思想主要集中在《理想国》和《法律篇》中。

柏拉图创立了西方客观唯心主义，他的哲学体系博大精深，对他的教学思想影响很深。柏拉图认为世界是由"理念世界"与"现象世界"组成。由此出发，柏拉图提出了一种理念论与回忆说的认识论，并把它当成他教学理论的哲学基础。

柏拉图在西方得到很多的尊重与注意。因为他的作品是西方文化的奠基文献。公元12世纪以前，柏拉图的学说占统治地位，由于圣奥古斯丁借用与改造了柏拉图的思想，以服务神学教义。柏拉图的理论对西方哲学的启蒙作用被普遍认可，同时，因为他卓越的人格而备受尊重。

柏拉图主要作品有《伊壁鸠鲁篇》、《苏格拉底的申辩》、《克力同篇》、《斐多篇》、《克堤拉斯篇》、《泰阿泰德篇》、《智士篇》、《政治家篇、《巴曼尼得斯篇》、《菲力帕斯篇》、《飨宴篇》、《斐德罗篇篇》、《阿奇拜得篇之一》、《阿奇拜得篇之二》、《高尔吉亚篇》、《智者篇》、《政治家篇》、《斐利布斯篇》、《法律篇》、《理想国》、《苏格拉底的申辩》、《巴曼尼得斯篇》、《苏格拉底之死》等。

另外，还有一些被认为是后世伪托的作品：《米诺斯》、《欧律克西亚斯》、《泰戈斯》、《克里托芬》、《爱人》等。

柏拉图认为哲学要包括自然与宇宙的学说。柏拉图想掌握有关

个人与大自然永恒不变的真理，因此发展一种适合并从属于他的政治见解与神学见解的自然哲学。

在柏拉图看来，自然界中有形的东西是流动的，但是组成这些有形物质的"形式"与"理念"却是永恒不变的。这就是柏拉图的"理念论"的初步解说。

在《理想国》中，柏拉图认为国家起源于劳动分工，因而他把理想国中的公民分成治国者、武士和劳动者3个等级，分别代表智慧、勇敢以及欲望3种品性。治国者用自己的哲学智慧和道德力量统治国家；武士们辅助治国，用忠诚与勇敢保卫国家的安全；劳动者就为全国提供物质生活资料。3个等级各司其职，各安其位。

柏拉图式的爱，主张肉体的结合是不纯洁的，是肮脏的，认为爱情与情欲是互相对立的两种状态。柏拉图认为爱情能够让人的精神境界得到升华。

苏格拉底有什么伦理学说？

苏格拉底建立了一种知识即道德的伦理思想体系，它的中心是探讨人生的目的与善德。他主张人们要认识社会生活的普遍法则与"认识自己"，认为人们在现实生活中获得的各种有益的和有害的目的与道德规范都是相对的，只有探求普遍的、绝对的善的概念，把握概念的真知识，才是人们最高的生活目的与至善的美德。在苏格拉底看来，一个人要有道德就必须有道德的知识，一切不道德的行为都是无知的结果。人们只有摆脱物欲的诱惑与后天经验的局限，获得概念的知识，才会有智慧、勇敢、节制以及正义等美德。他认为道德只能凭心灵与神的安排，道德教育的目的就是让人认识心灵

121

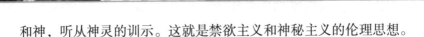

和神，听从神灵的训示。这就是禁欲主义和神秘主义的伦理思想。

后来，这种伦理思想，被安提斯泰尼继承并发展，形成以强调禁欲为特征的犬儒学派；而苏格拉底伦理思想中所包含的快乐论思想，就被亚里斯提卜继承并发展，形成主张享乐的居勒尼学派。柏拉图全面继承了苏格拉底的伦理思想体系，并进一步系统化和理论化。苏格拉底强调知识的重要性，认为伦理道德是由理智来决定，这种理性主义的思想，在以后西方哲学思想的发展中，起了积极作用。

亚里士多德有哪些著作？

亚里士多德，Aristotle（前384～前322），古希腊斯吉塔拉人，是世界古代史上最伟大的哲学家、科学家以及教育家之一。

亚里士多德是柏拉图的学生，他是亚历山大的老师。公元前335年，他在雅典办了一所叫吕克昂的学校，被称为逍遥学派。

亚里士多德一生勤奋治学，从事的学术研究包括逻辑学、修辞学、物理学、生物学、教育学、心理学、政治学、经济学和美学等，写下了大量的著作，是古代的百科全书，主要有《工具论》、《形而上学》、《物理学》、《伦理学》、《政治学》以及《诗学》等。他的思想对后世产生了深远的影响。他创立了形式逻辑学，丰富并发展了哲学的各个分支学科，对科学做出了重大的贡献。

亚里士多德的主要观点和主要思想有：理论的科学，包括数学、自然科学以及后来被称为形而上学的第一哲学；实践的科学，包括伦理学、政治学、经济学、战略学以及修饰学；创造的科学，即诗学。

　　亚里士多德首先是个伟大的哲学家，他虽然是柏拉图的学生，但却抛弃了他的老师所持的唯心主义观点。亚里士多德主张实在界就是由各种本身的形式与质料和谐一致的事物所组成的。亚里士多德认为知识起源于感觉。这些思想已经包含有一些唯物主义的因素。亚里士多德与柏拉图一样，认为理性方案与目的是一切自然过程的指导原理。但他对因果性的看法比柏拉图更丰富，他认为，因主要有四种，第一种是质料因，即形成物体的主要物质。第二种就是形式因，也就是主要物质被赋予的设计图案与形状。第三种就是动力因，也就是为实现这类设计而提供的机构与作用。第四种就是目的因，也就是设计物体所要达到的目的。他还认为，在具体事物中，没有无质料的形式，也没有无形式的质料，质料和形式的结合过程，就是潜能转化成现实的运动。这一理论表现出自发的辩证法的思想。

　　亚里士多德在哲学上最大的贡献是创立了形式逻辑这一重要分支学科。逻辑思维成为亚里士多德在众多领域建树卓越的支柱，这种思维方式自始至终贯穿在他的研究、统计与思考之中。

　　亚里士多德对世界的贡献巨大。他至少撰写了 170 种著作，其中流传下来的就有 47 种。他的科学著作，简直就是一部百科全书，内容涉及天文学、动物学、胚胎学、地理学、地质学、物理学、解剖学和生理学，总之，包括古希腊人已知的各个学科。他的著作包含三个方面：一是前人的知识积累，二是助手们为他所作的调查和发现，三是他自己独立的见解。

　　亚里士多德的著作集包括以下内容：

　　逻辑学：《范畴篇》、《解释篇》、《前分析篇》、《后分析篇》、《论题篇》以及《辩谬篇》；形而上学：《形而上学》；自然哲学：

《物理学》、《气象学》、《论天》以及《论生灭》；论动物：《动物志》、《动物之构造》、《动物之运动》、《动物之行进》、《动物之生殖》、《尼各马克伦理学》和《158城邦制》；论人：《论灵魂》、《论感觉和被感觉的》、《论记忆》、《论睡眠》、《论梦》、《论睡眠中的预兆》、《论生命的长短》、《论青年、老年及死亡》、《论呼吸》以及《论气息》；伦理学以及政治学：《尼各马克伦理学》、《优台谟伦理学》和《政治学》；还有《修辞学》和《诗学》。

亚里士多德集中古代知识于一身，在他死后几百年中，没有一个人像他一样对知识有过系统考察语全面掌握。其著作是古代的百科全书，他的思想还统治过全欧洲。

孟子有哪些思想?

孟子（前372～前289），是战国时期鲁国（今山东邹城）人，汉族，名轲，字子舆。在15岁时到达鲁国后，拜入孔子之孙子思的门下。孟子是中国古代著名思想家，战国时期儒家代表人物，著有《孟子》一书。他继承和发扬了孔子的思想，是仅次于孔子的一代儒家宗师，有"亚圣"的称号，与孔子一起并称为"孔孟"。

孟子三岁时，父亲就死了，孟母艰辛地将他抚养成人，孟母管束很严，所以有"孟母三迁"、"孟母断织"等故事，成为千古美谈，是后世母教的典范。

《孟子》一书是孟子的言论汇编，是孟子和他的弟子共同编写的，记录了孟子的语言以及政治观点与政治行动的儒家经典著作。孟子还仿效孔子，带领门徒游说各国。但不被当时各国所接受，退隐后和弟子一起著书。

他有《孟子》七篇传世：《梁惠王》、《公孙丑》、《滕文公》、《离娄》、《万章》、《告子》、《尽心》。他的学说出发点是性善论，提倡"仁政"和"王道"，主张德治。孟子的文章说理畅达，气势充沛，长于论辩。孟子在人性问题上，主张性善论。是人性向善，而不是人性本善。

孟子的思想有"民为贵，社稷次之，君为轻。"孟子主张君主要爱护人民，当官的要保障人民权利。孟子认为，如果君主无道，人民有权推翻政权。这就是孟子的民本思想。

孟子继承并发展了孔子的德治思想，发展成为仁政学说，是他的政治思想的核心。他把"亲亲"、"长长"的原则运用到政治上，来缓和阶级矛盾，维护封建统治阶级的长远利益。孟子把伦理与政治紧密结合起来，主张道德修养是搞好政治的根本。

孟子的道德伦理：孟子把道德规范概括成四种，那就是仁、义、礼和智。同时，把人伦关系概括成五种，也就是"父子有亲，君臣有义，夫妇有别，长幼有序，朋友有信"。孟子主张，仁、义、礼、智四者之中，仁、义是最重要的。仁、义的基础是孝、悌，还指出孝、悌是处理父子与兄弟血缘关系的基本的道德规范。他认为这样，封建秩序的稳定与天下的统一就有了可靠保证。

老子是世界文化名人吗？

李耳（约前580～前500），字伯阳，又叫老聃，后人叫他"老子"，他是河南省鹿邑县城东十里的太清宫集的人，我国古代伟大的哲学家、思想家、道家学派创始人，也是世界文化名人。

老子生活在春秋时期，曾在周国都洛邑任藏室史。他博学多才，

一口气读懂人文常识

孔子周游列国时还到洛邑向老子问礼。老子晚年乘青牛往西去，在函谷关写成了5000字的《道德经》。在道教中，老子就是太上老君的第十八个化身。老子去世后，葬在盠屋8千米的西楼观，现在还有老子墓。

《道德经》含有丰富的辩证法思想，老子哲学同古希腊哲学一起构成了人类哲学的两个源头，老子也因为他那深邃的哲学思想被尊认为"中国哲学之父"。老子的思想被庄子继承，还和儒家以及后来的佛家思想一起构成了中国传统思想文化的内核。《道德经》在国外的版本有1000多种，是被翻译成外国语言最多的中国书籍。

《老子》用"道"解释宇宙万物的演变，"道"是客观自然规律，同时又具有永远运动变化的的永恒意义。他的学说对中国哲学发展具有深刻影响，内容主要在《老子》这本书里。他的哲学思想与他创立的道家学派，不仅对我国古代思想文化的发展做出了重要贡献，而且对我国2000多年来思想文化的发展产生了深远的影响。

孔子是私学的先驱吗？

孔子（前551～前479），名丘，字仲尼，汉族，春秋时期鲁国人。孔子是我国古代伟大的教育家、政治家以及思想家，他是儒家学派创始人，是世界最著名的文化名人之一。孔子出生在鲁国陬邑昌平乡（今山东省曲阜市东南的南辛镇鲁源村）；孔子逝世时，享年73岁，葬在曲阜城北泗水之上。孔子的言行、思想主要记录在语录体散文集《论语》和先秦与秦汉保存下来的《史记·孔子世家》中。

孔子曾治理鲁国三个月，无愧于杰出政治家的称号。政治上的

不得意，使孔子能把很大一部分精力用在教育事业上。孔子曾任鲁国司寇，带着弟子周游列国，最后返回鲁国，专心从事教育活动。孔子打破了教育垄断，开创了私学先驱。孔子弟子有 3000 多人，其中有很多都是各国高官栋梁。孔子在世时就被誉为"天纵之圣"、"天之木铎"、"千古圣人"，是当时社会上最博学者之一。后世还尊称他为"至圣"、"万世师表"，认为他曾修《诗》、《书》，定《礼》、《乐》，序《周易》，作《春秋》。

《论语》是儒家学派的经典著作之一，是孔子的弟子和他的再传弟子编撰而成。它以语录体与对话文体为主，记录了孔子和他的弟子言行，集中体现了孔子的政治主张、伦理思想、道德观念和教育原则等。《论语》有 20 篇，与《大学》、《中庸》、《孟子》并称"四书"。《论语》中有许多言论至今还被世人当作至理名言。

孔子的精神品格有发愤忘食、乐以忘忧、安贫乐道、学而不厌、诲人不倦、直道而行等。

孔子的政治思想是为政以德。同孔子的仁说与礼说相联系，在治国的方略上，他提倡"为政以德"，用道德与礼教来治理国家是最高尚的治国之道。这种治国方略又叫"德治"和"礼治"，主张把德和礼施给人民。孔子的仁说，体现了人道精神，孔子的礼说，则体现了礼制精神，也就是现代意义上的秩序和制度。孔子的这种人道主义与秩序精神是中国古代社会政治思想的精华。

孔子较出名的学生有颜回，仲由，端木赐，言偃，曾点，曾参等 72 人。

庄子影响了哪些主要人物？

庄子（约前 369 ~ 前 286），汉族。名周，字子休，战国时期宋

国蒙（今安徽省蒙城县）人，著名的思想家、哲学家以及文学家，还是道家学派的代表人物，是老子哲学思想的继承者以及发展者，先秦庄子学派的创始人。他的学说包含了当时社会生活的方方面面，他的根本精神还是归依于老子的哲学。后世把他和老子并称为"老庄"，他们的哲学是"老庄哲学"。

他的思想有朴素辩证法因素，主要思想有"天道无为"，主张一切事物都在变化，是主观唯心主义体系。提倡"无为"，放弃所有妄为。又主张一切事物都是相对的，因而他否定知识，否定所有事物的本质区别，极力否定现实，幻想一种"天地与我并生，万物与我为一"的主观精神境界，安时处顺，逍遥自得，倒向了相对主义与宿命论。在政治上提倡"无为而治"，反对所有社会制度，弃绝一切文化知识。

庄周与他的门人和后学者著有《庄子》，是道家经典之一。《庄子》在哲学和文学上都有较高研究价值。其名篇有《逍遥游》、《齐物论》以及《养生主》等。

庄子所持的宇宙和人的关系是"天人合一"的，也是物我两忘的，所以他有着通达的生死观；庄子认为是道给了我们形貌，天给了我们形体，我们要做的是不要因为好恶而损害自己的本性。他把人的完整生命作为起点来思考人应当度过一个怎样的生活旅程。

他超越了任何知识体系以及意识形态的限制，站在天道的环中与人生边上来反思人生，他的哲学是一种生命的哲学，他的思考也含有终极的意义，而且还有很多思想十分超前。

"道德"一词是道家思想的精华。庄子的"道"就是天道，是效法自然的"道"，而不是人为的残生伤性的。庄子的哲学主要接受

和发展了老子的思想。天"是和"人"相对立的两个概念,"天"就是自然,而"人"也就是"人为"的一切,是与自然相背离的一切。庄子提倡顺从天道,并摒弃"人为"。顺从"天道",这样来和天地相通的,就是庄子主张的"德"。

道家学派的老庄哲学是在中国的哲学思想中唯一能同儒家和佛家学说分庭抗礼的古代最伟大的学说。在中国思想发展史上,占有的地位绝不低于儒家与佛家。后人无论在思想和文学风格、文章体制以及写作技巧上都受《庄子》影响的,比如阮籍、陶渊明、李白、苏轼、辛弃疾以及曹雪芹等。

墨子有哪些主要思想?

墨子(约前468~前376),名翟,又叫墨翟,鲁阳(今鲁山县)人。墨子是我国春秋时期著名的思想家,教育家和军事家以及墨家学派的创始人。创立墨家学说,还有《墨子》一书传世。主要内容包括兼爱、非攻、尚贤、尚同、节用、节葬、非乐、天志、明鬼以及非命等十项,他把兼爱作为核心,以节用、尚贤当成支点。墨学在当时影响很大,和儒家并称"显学"。墨子死后,墨家分成相里氏之墨,相夫氏之墨和邓陵氏之墨三个学派。

墨子精通手工技艺。他自称为"鄙人",被人称作"布衣之士"。墨子曾当过宋国大夫,他是一个同情农民百工的士人。墨子以前向儒者学习孔子之术。但后来慢慢对儒家繁琐礼乐感到厌烦,最终抛弃儒学,形成自己的墨家学派。墨子一生,一面广收弟子,积极宣传自己的学说,一面不遗余力地反对兼并战争。

墨家是一个有着严密组织以及严密纪律的团体,最高领袖是

"巨子"，墨家的成员都叫"墨者"，必须服从巨子的指导，听从指挥。墨子的亲信弟子有几百人，形成了声势浩大的墨家学派。墨子曾走遍中国。

墨子的学说思想有：1. 兼爱非攻。所谓兼爱，包含平等和博爱的意思。墨子要求君臣、父子、兄弟都要在平等的基础上相互友爱。2. 天志明鬼。宣扬天志鬼神是墨子思想的又一特点。墨子宗教哲学中的天赋人权与制约君主的思想，是墨子哲学中的一大亮点。3. 尚同尚贤。尚同是要求百姓和天子都和天志相同，上下一心，实行义政。尚贤就包括选举贤者当官吏，选举贤者成为天子国君。4. 节用节葬。他们批评君主以及贵族的奢侈浪费，特别反对儒家看重的久丧厚葬的风俗。

墨子哲学思想的主要贡献有认识论方面。他认为，判断事物的有和无，不要凭个人的臆想，而要以大家所看到的以及所听到的为依据，得出了检验认识真伪的标准，墨子将"事"、"实"和"利"结合起来，以间接经验、直接经验以及社会效果为准绳，尽量排除个人的主观成见。墨子还是中国古代逻辑思想的重要开拓者之一。他运用了逻辑推论的方法，来建立以及论证自己的政治和伦理思想。

《墨子》这本书是墨子的弟子和他的再传弟子对墨子言行的记录。《墨子》有些是记载墨子言行，论述墨子思想，主要是前期墨家的思想；还有一些是墨辩或墨经，着重阐述墨家的认识论以及逻辑思想，还有许多自然科学的内容，是后期墨家的思想。其中还有许多自然科学的内容，尤其是天文学、几何光学以及静力学。

《墨子》的内容还涉及政治、军事、哲学、伦理、逻辑以及科技等方面，是研究墨子和他的后学的重要史料。

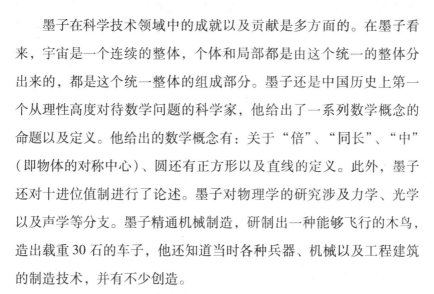

墨子在科学技术领域中的成就以及贡献是多方面的。在墨子看来，宇宙是一个连续的整体，个体和局部都是由这个统一的整体分出来的，都是这个统一整体的组成部分。墨子还是中国历史上第一个从理性高度对待数学问题的科学家，他给出了一系列数学概念的命题以及定义。他给出的数学概念有：关于"倍"、"同长"、"中"（即物体的对称中心）、圆还有正方形以及直线的定义。此外，墨子还对十进位值制进行了论述。墨子对物理学的研究涉及力学、光学以及声学等分支。墨子精通机械制造，研制出一种能够飞行的木鸟，造出载重30石的车子，他还知道当时各种兵器、机械以及工程建筑的制造技术，并有不少创造。

墨子的哲学建树，以认识论和逻辑学最为突出，他的贡献是先秦其他诸子所无法比拟的。墨子认为，人的知识来源有闻知、说知以及亲知三种途径。墨子还是中国逻辑学的奠基者。

中国古代战争最著名的守城战术典籍也是墨家的《墨子》。

综上所述，墨子在中国古代杰出科学家的行列中堪称佼佼者之一。遗憾的是，墨子在科技领域中的理性灵光，随着以后墨家的衰微，几近熄灭。后世的科学家大多注重实用，忽视理性的探索，这是中国科技史上的莫大损失。

荀子的著作叫什么名字？

荀子（约前313～前238）名况，字卿，又称孙卿。中国战国时期赵国猗氏（今山西安泽）人，汉族。他是著名思想家、文学家和政治家，还是儒家代表人物之一；当时人尊称"荀卿"。曾三次出齐国稷下学宫的祭酒，后来出任楚兰陵令。荀子对儒家思想有所发展，

提出性恶论，同孟子的性善论相反，对重整儒家典籍也有相当的贡献。

荀子一生飘泊，开始在齐国游学，后到楚国为兰陵令。他曾经到秦国，又到过赵国，同临武君在赵孝成王面前讨论军事，最后老死在楚国。他还传道授业，教育了两位最著名的思想家、政治家：韩非和李斯。他的著作是《荀子》。荀子的思想偏向经验和人事方面，他是从社会脉络方面出发，注重社会秩序，反对神秘主义的思想，尊重人为的努力。荀子提倡"礼"，重视社会上人们行为的规范。他认为孔子是圣人，但反对孟子与子思为首的"思孟学派"哲学思想，认为子贡和自己才是继承孔子思想的学者。在荀子看来，人与生俱来就想满足欲望，如果欲望得不到满足就会发生争执，因而主张人性本恶，就要实行圣王与礼法的教化，让人格提高。

荀况是新兴地主阶级的思想家。现存的《荀子》32篇，大部分是荀子自己的著作，包括哲学、逻辑、政治以及道德许多方面的内容。在自然观方面，他反对信仰天命鬼神，主张自然规律是不以人的意志转移的，还提出人定胜天的思想。在人性问题上，他主张"性恶论"，认为人性有恶，否认天赋的道德观念，强调后天环境与教育对人的影响。在政治思想上，他主张儒家的礼治原则，同时重视人的物质需求，主张发展经济以及礼治法治相结合。在认识论上，他承认人的思维能反映现实，但有轻视感官作用的倾向。此外，荀子还是阴阳家的代表人物之一。

穆罕默德是一位先知吗？

穆罕默德是穆斯林公认的伊斯兰教的先知，穆罕默德不是伊斯

一口气读懂人文常识

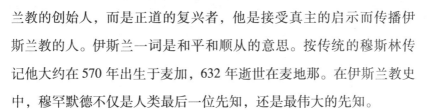

兰教的创始人，而是正道的复兴者，他是接受真主的启示而传播伊斯兰教的人。伊斯兰一词是和平和顺从的意思。按传统的穆斯林传记他大约在570年出生于麦加，632年逝世在麦地那。在伊斯兰教史中，穆罕默德不仅是人类最后一位先知，还是最伟大的先知。

570年，他出生在沙特阿拉伯麦加城古来什部落哈希姆家族，据伊斯兰教史记载：他是个文盲，是由他的祖父阿卜杜·穆塔里卜与叔父艾卜·塔里卜先后抚养长大的。他曾到过叙利亚、巴勒斯坦等地，对当时阿拉伯半岛的社会状况及多神教、犹太教以及基督教等宗教状况有较深的了解。25岁时与赫蒂彻结婚。婚后他常到麦加郊区希拉山洞中静思，思索宇宙的奥秘和人生存的价值。610年，40年岁的穆罕默德，当他在希拉山洞内独自深思时接到了安拉通过天使传达的启示，命令他作为人间的使者，传播伊斯兰教。612年末，他开始公开号召麦加居民放弃偶像崇拜，归顺和敬畏独一的安拉，止恶从善，提倡限制高利贷、买卖公平、施济平民、善待孤儿、解放奴隶、制止血亲复仇以及实现和平与安宁，吸引了一批当地人的归顺。622年，他令信徒分批迁往麦地那，他首先制定了一项和各氏族集团共同遵守的公约，建立了一个以伊斯兰教信仰为共同基础的政教合一的穆斯林政权，还陆续确立伊斯兰教的各种典章制度。630年，由于麦加人违约，穆罕默德就率领十万大军夺取麦加城，还迅速清除了"克尔白"殿内一切偶像，把"克尔白"定为伊斯兰教的朝拜中心。631年，阿拉伯半岛基本统一。公元632年，这位伟大的先知在麦地那与世长辞。

穆罕默德最主要的教义是对神的炙真的信仰和超越部落归属以及对布道者的信奉的道德观。穆罕默德在历史上的重要作用在于他

作为伊斯兰的先知。他建立了一个有上十亿信徒的宗教并建立了世界上第一个伊斯兰国家。穆罕默德是历史上最有影响的人物之一。其文化影响超越了时空界线并影响着全人类，影响着生活的各个方面，包括社会的、经济的、教育的、政治的以及文化的。

耶稣复活了吗？

耶稣（英译：Jesus，1～约230）耶稣是基督宗教教义的中心人物，也是基督宗教的创始人。在基督宗教中，也称为耶稣基督。2000多年前他生在巴勒斯坦地区。耶稣在30岁之前是个木匠，过着犹太人的传统生活。当时以色列到处都处在罗马皇帝恺撒的独裁统治之下，包括耶稣出生的伯利恒与成长的拿撒勒。耶稣30岁开始教导众人，行神迹，还被记载下来。耶稣讲的内容是：上帝爱你并和你同在，彼此相爱，每个人都极其宝贵。还抨击了当时的当权者与犹太教的某些戒规，因此受到犹太教上层分子的忌恨。在逾越节前夕，耶稣被他的门徒之一犹大出卖，以莫须有的罪名，被钉死在十字架上。死后第三日复活，并显现在众门徒中，第四十日升天。

伊斯兰教有哪些教义？

伊斯兰教是世界性的宗教之一，同佛教、基督教并称为世界三大宗教。伊斯兰（Islam）系阿拉伯语音译，原意是"顺从"、"和平"，是指顺从和信仰宇宙独一的最高主宰安拉及其意志，以求得两世的和平以及安宁。信奉伊斯兰教的人叫做"穆斯林"。7世纪初兴起在阿拉伯半岛，由麦加人穆罕默德所创立。主要传播于亚洲、非洲，以西亚、北非、西非、中亚、南亚次大陆以及东南亚最为盛行。

第二次世界大战后，在西欧、北美、澳洲和南美一些地区也有不同程度的传播与发展，是上述地区发展最快的宗教。它作为一种宗教信仰、意识形态以及一种文化体系，传到世界各地后，同当地传统文化相互影响并融合。

伊斯兰教的主要贡献是：通过宗教把松散的部落文化联合起来，还通过征战使各个地区的文化得以传播和交流。伊斯兰教在传播的过程中，穆斯林们在被征服的土地上修建清真寺，建立学校，还确立法律，建立图书馆、天文台以及医院，促进了学术文化的发展。

伊斯兰教具有极强的包容性，在当时被穆斯林统治的西班牙，虽然资源匮乏，土地贫瘠，但是通过穆斯林的经商，经济确实非常发达。

经过几个世纪的发展，穆斯林在数学、文学、天文学、哲学、医学、物理学、化学以及书法上都取得了巨大成果，还涌现出像花拉子密、比鲁尼、白塔尼、法拉比、伊本·西那这类优秀人物。伊斯兰教主要教义：其信仰主要包括理论和实践两个部分。理论部分包括信仰（伊玛尼），即：信安拉、信天使、信经典、信先知、信后世。实践部分包括伊斯兰教徒必须遵行的善功和五项宗教功课（简称"五功"）。所谓的五功即念"清真言"、礼拜、斋戒、天课、朝觐，简称"念、礼、斋、课、朝"。

基督教是谁创立的？

基督教（希腊语：Χριστιανισμόs、拉丁语：Christianismus）是以信仰耶稣基督为救世主的宗教。天主教、新教、东正教、基督教马龙派等等统称基督教——中文中"基督教"往往特指新教，三大

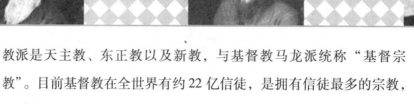

教派是天主教、东正教以及新教，与基督教马龙派统称"基督宗教"。目前基督教在全世界有约22亿信徒，是拥有信徒最多的宗教，以亚洲、非洲的信徒的发展最快。从476年罗马帝国分裂到1453年东罗马帝国灭亡。基督教分裂成罗马天主教与东正教。

基督教发源于公元1世纪巴勒斯坦的耶路撒冷地区犹太人社会，并继承希伯来圣经为基督教圣经旧约全书。

基督教的创始人是耶稣。基督教发端在1世纪巴勒斯坦地区犹太人的生活与信仰环境。1~5世纪基督教创立，并从以色列传到希腊罗马文化区域。313年，君士坦丁大帝颁布米兰诏书，基督教成为罗马帝国所允许的宗教。391年，罗马皇帝狄奥多西一世宣布它为国教。耶稣思想的中心是"尽心尽意尽力爱上帝"和"爱人如己"两点。信徒们组成彼此相爱、奉基督之名敬拜上帝的团体，就是基督教会。耶稣复活的这一天是后世的复活节。罗马教皇当时以太阳神的生日制定了12月25日是耶稣的生日也就是圣诞节。耶稣出生的那一年被后世定为公元纪年的元年。

基督是"基利斯督"的简称，意思就是上帝差遣来的受膏者，是基督宗教对耶稣的专称。《圣经》，由《旧约全书》以及《新约全书》两部分组成，是基督教的经典。十字架是基督教的标志。他们信奉的"上帝"和"天主"本体上是独一的，还包括圣父、圣子、圣灵三个位格。

基督教主要节日是圣诞节、受难节、复活节、升天节以及诸圣日等，天主教和东正教还有圣神降临节、圣母升天节和命名日等节日。

中国著名的天主教教堂和遗迹有北京南堂和北堂、利马窦墓、

一口气读懂人文常识

天津老西开教堂、上海徐家汇天主堂、上海佘山圣母大教堂和广州圣心大教堂；中国著名东正教教堂有哈尔滨圣索非亚教堂和上海圣母大教堂；中国著名新教教堂有上海国际礼拜堂、上海沐恩堂、上海圣三一堂和上海景灵堂。

世界其他地方著名教堂有巴黎圣母院、科隆大圣马丁教堂、救世主大教堂、圣索非亚大教堂、圣彼得大教堂、圣保罗大教堂和圣约翰大教堂。

佛教是三大宗教之一吗？

佛教（Buddhism）为世界三大宗教之一，是公元前6～前5世纪古印度的迦毗罗卫国王子创立，他的名字叫悉达多，他的姓是乔达摩。因为他是释迦族，人们又叫他为释迦牟尼，意思是释迦族的圣人。佛教广泛流传于亚洲的许多国家，东汉时自西向东传入我国。佛教同基督教、伊斯兰教是世界三大宗教。佛教就是佛陀的教育，而不是拜佛的宗教，佛教不是宗教，不是哲学，讲佛教是宗教只是一种通俗的方便说法而已，它的本质是以般若的智慧自内证打破无明烦恼，成就菩提（觉悟）之道，佛教在历史上曾对世界文化传播做出了不可磨灭的贡献，至今依然深深地影响着我们。

古佛经中记载的世界五大佛教圣地是中国五台山、尼泊尔蓝毗尼园、印度鹿野苑、印度菩提伽耶和印度拘尸那迦。

释迦牟尼有哪十大弟子？

释迦牟尼佛，（约前1027～前949）原本是古印度迦毗罗卫国的太子，是刹帝利种姓，名叫乔达摩·悉达多。

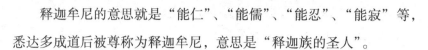

　　释迦牟尼的意思就是"能仁"、"能儒"、"能忍"、"能寂"等，悉达多成道后被尊称为释迦牟尼，意思是"释迦族的圣人"。

　　佛陀在19岁时，有感于人世生、老、病、死等诸多苦恼，放弃王族生活，出家修行。35岁在菩提树下悟道，于是开启佛教，弘法45年。年80岁左右在拘尸那迦城示现涅盘。

　　十大弟子，又叫释迦十圣、十弟子。也就是佛弟子中特别卓越之十人。他们是摩诃迦叶尊者、优波离尊者、罗侯罗尊者、舍利弗尊者、须菩提尊者、富楼那尊者、阿那律尊者、摩诃目犍连尊者、摩诃迦旃延尊者和阿难尊者。

　　释迦牟尼创立的佛教最初教义包括：释迦牟尼进入般涅槃后，他的弟子汇集整理佛陀一生的言传身教，通过几次结集，形成的经、律、论"三藏"，以及保存在《阿含经》中的三法印、四圣谛、八正道、缘起法等，这些教义又被称为原始佛教。

一口气读懂人文常识

人文教育篇

孔子的教育思想是什么？

孔子主张人生活在社会上，不要以个人现在物质生活为满足，而要有精神上的更高要求。他在教育学生怎样对待现在与将来的关系时，总是教导学生立足于现在而面向将来，确定志向，树立人生的目的与理想，作为个人努力方向。孔子认为"立志"是重要的起点，但要坚持并实现志向，并不是容易的事。他说，少年时就有志向，经过十余年的努力才立志，可见立志是一个人成长发展的关键。确立志向后，又经过长期不懈地学习、修养，让自己的思想、感情与行为，达到道德的高度自觉和"不逾矩"的境界。孔子在处理人际关系时，认为重在严格要求自己，约束并克制自己的言行。孔子在处理过失与改过的关系方面，主张改过，他把道德修养过程也当成是改过迁善的过程。孔子主张身体力行，要求要言行相顾、言行一致，他认为道德认识的真假和深浅，依靠道德践履的检验证实。

孔子认为学习靠多闻多见，去伪存真，勤于学习，广于见闻。孔子认为"学而时习，温故知新"是学习的好办法，要把所学的知识转化成技能，获得了成果，内心便能感到快乐和满足。孔子认为学思并重，要以学为重，学习不能脱离思考，不思考就不能把学来的知识消化吸收，那样学了也无用处。如果只思考而不学习，光会是空想，那也有害的。孔子还认为"学以致用"，要"言行相符"，孔子教育学生要学以致用，各有专长，能从事政治活动。孔子还主张要虚心求学，奋发不息，他认为知识问题来不得虚伪与骄傲。孔子还主张运用启发思维，要做到举一反三，孔子教学的基本方法是启发诱导。他认为掌握知识、形成道德观念，是一个主动探索领会

的过程，因此在教学中他特别强调学生学习的主动性。孔子主张"因材施教"，他通过长期私人讲学的实践创造出了因材施教的教学方法，把因材施教和启发诱导结合起来，发挥学生学习的主动性与积极性，来保证培养目标的实现。

孟子的教育思想有哪些？

孟子的核心思想是仁政思想，这是对孔子"仁"与"德治"思想的继承与发展。孟子将其扩大化，让它发展成包括政治、经济、思想、文化以及教育各方面的施政纲领。在对人的培养教育上，孟子主张"性善论"，认为环境影响让人的"善端"受到"陷溺"，人变为小人、恶人，教育的作用就时把已失的"善端"找回来。孟子认为对老百姓而言，教育的作用大于施政的作用。

孟子认为学须立志，"志"是人的理想、抱负与希望，它是一种意向心理，决定着学习的动机、方向以及目标，对人的学习具有能动作用。孟子主张"学"、"思"结合，把认识看作是一种对内心世界的探索，他轻视听到的知识。因此在学和思的关系上，他强调"思"的作用。

孟子主张在教学中要发挥学生的主动精神，认为要靠学生自求自得，才会有很大的收获。教师要积极引导，启发学生思维，指出前进的方向与目标。他还主张因材施教。孟子的教学方法是多样的，不是千篇一律，要根据不同情况采取多种多样的方法。循序渐进也是孟子的一种教学观点。他认为进行教学以及学习知识要不间断地努力，循序渐进，不能取巧，急躁冒进。他反对急于求成。孟子认为人的祸福是自己的行为决定的，所以，要自己多多反省。孟子提

倡示范教育，继承并发展了孔子"正人先正己"的思想，主张教师一定要首先端正自己，用正道教育学生。孟子是一个教育家，他的思想是有进步的意义的。

总之，孟子的教育思想对后世的影响是非常深远的。作为中华民族教育思想遗产的一部分，其思想学说的精华部分为语文学科以及整个教育理论奠定了很好的基础。

苏格拉底的教育思想是什么？

苏格拉底一生都在从事教育工作，具有丰富的教育实践经验，还有自己的一套教育理论。但是他却没有创办自己的学校。他的学校就是广场、庙宇、街头、商店、作坊以及体育馆等等，这些都是他施教的场所。青年人、老年人、有钱人、穷人、农民、手艺人、贵族、平民，都是他施教的对象，都是他的学生，不管是谁，只要向他求教，他都热情施教。苏格拉底教人是不收学费的，他为城邦的利益而教人，是一位义务教师，所以苏格拉底一生都很清贫。

他认为，教育对一个人的成长十分重要，无论是天资比较聪明的人或者天资比较鲁钝的人，如果他们决心要得到值得称道的成就，就必须勤学苦练才行。

苏格拉底的教育目的是培养治国人才。他认为治国人才必须要受过良好的教育，提倡通过教育来培养治国人才。为了培养治国人才，他付出了毕生的精力。

关于教育的内容，他提倡首先要培养人的美德，教人学会做人，成为有德行的人。其次是教人学习广博而实用的知识。在他看来，在所有的事情上，凡受到尊敬与赞扬的人都是那些知识最广博的人，

143

而受人谴责以及轻视的人，就是那些最无知的人。最后，他提倡人们锻炼身体。他认为，健康的身体无论在平时或在战时，对体力活动与思维活动都是十分重要的。然而健康的身体不是天生的，只有通过锻炼才能使人身体强壮。

在教学的方法上，苏格拉底进行长期的教学实践，形成了自己一套独特的教学法，人们叫作"苏格拉底方法"，他本人却说是"产婆术"。他的"产婆术"教学法就是为思想接生，引导人们产生正确的思想。"苏格拉底方法"是以师生问答的形式进行的，所以又叫"问答法"。

苏格拉底倡导的问答法对后世产生很大影响，直到现在，问答法还是一种重要的教学方法。

柏拉图有哪些教育观？

在柏拉图看来，人的一切知识都是由天赋而来，它以潜在的方式存在于人的灵魂之中。因此，他认为认识不是对世界物质的感受，而是对理念世界的回忆。教学目的就为了恢复人的固有知识。教学过程就是"回忆"理念的过程。在教学中，柏拉图重视对普遍和一般的认识，尤其重视学生思维能力的培养，认为概念与真理是纯思维的产物。同时他还认为学生是通过理念世界在现象世界的影子中才得以回忆起理念世界的，承认感觉在认识中的刺激作用。他特别强调早期教育以及环境对儿童的作用。主张幼年时期的儿童所接触到的事物，对他有着永久的影响，教学过程要通过具体事物的感性启发，引起学生的回忆，经过反省与思维，再现出灵魂中固有的理念知识。从此看来，柏拉图的教学观是一种先验论。

　　柏拉图的教学体系是金字塔形。为了发展理性，他设立了全面而丰富的课程体系，他以学生的心理特点为根据，分成几个年龄阶段，还分别授以不同的教学科目。0～3岁的幼儿，应该在育儿所里受到照顾；3～6岁的儿童，在游乐场立进行故事、游戏以及唱歌等活动；6岁以后，儿童进入初等学校接受初级课程；17～20岁的青年进入国立的"埃弗比"接受军事教育，并结合军事需要学习文化科目，主要是算术、几何、天文和音乐；20～30岁，经过严格挑选，实现10年科学教育，主要发展青年的思维能力，继续学习"四科"，让学生懂得自然科学间的联系；到30岁以后，经过进一步挑选，学习5年，主要学习哲学等。最后，完成了柏拉图的金字塔形的教学体系的内容。

　　在教学内容上，柏拉图提倡用体操锻炼身体，用音乐陶冶心灵的和谐发展的教育思想，还为儿童安排了简单的读、写、算以及唱歌等活动，同时还十分重视体操等体育训练项目。

　　柏拉图师承苏格拉底的问答法，把回忆已有知识的过程视为一种教学与启发的过程。他反对用强制性手段灌输知识，主张通过问答形式，提出问题，揭露矛盾，然后进行分析、归纳、综合和判断，最后得出结论。

　　柏拉图教学思想的主要特色是理性的训练。在教学过程中，柏拉图认为教育最终目标是发展学生的思维能力。因此，教师要引导学生心思凝聚，学思结合，从一个理念到另一个理念，并最终归结为理念。教师要善于点悟、启发以及诱导学生进入这种境界，让他们在"苦思冥想"后"顿开茅塞"，喜悦地得到"理性之乐"。他第一个确定了心理学的基本划分，并把心理学同教学密切联系起来。

一口气读懂人文常识

他继承和发展了斯巴达的依据年龄特征划分教学阶段的教学理论，在教学的具体内容、形式、方法以及手段上则更多地总结和采用了雅典的经验，提出了全面、和谐发展的课程体系。他十分注重在教学中发展学生的思维能力，强调探讨事物的本质，这些都给了后世教育家们以巨大的影响和启迪。

柏拉图还是西方教育史上第一个提出完整的学前教育思想，并建立了完整的教育体系的人。

亚里士多德教育主张是什么？

亚里士多德出生在色雷斯的斯塔基拉，父亲是马其顿王的御医。公元前366年亚里士多德被送入雅典的柏拉图学院学习，以后20年间亚里士多德一直住在学园，直到老师柏拉图去世。柏拉图去世后，因为学园的新首脑比较赞同柏拉图哲学中的数学倾向，让亚里士多德无法忍受，就离开雅典。亚里士多德在小亚细亚娶了赫米阿斯的侄女为妻。公元前344年亚里士多德就离开小亚细亚，与家人一起到了米提利尼。

3年后，亚里士多德成了当时年仅13岁的亚历山大大帝的老师。亚里士多德对亚历山大大帝灌输了道德、政治和哲学的教育。亚里士多德还运用了自己的影响力，对亚历山大大帝的思想形成起了重要的作用。正是在亚里士多德的影响下，亚历山大大帝一直对科学事业十分关心，对知识十分尊重。但是，亚里士多德与亚历山大大帝的政治观点却并不是完全相同的。亚里士多德的政治观是建筑在快要衰亡的希腊城邦的基础上的，而亚历山大大帝后来建立的中央集权帝国对希腊人而言则是野蛮人的发明。

后来，亚里士多德回到雅典，创立自己的学园，教授哲学。他非常重视教学方法，反对刻板的教学方式，因此，他经常带着学生在花园林阴大道上一边散步，一边讨论哲理，于是，后人把亚里士多德学派叫做"逍遥学派"。

亚里士多德的著作有很多，主要是关于自然以及物理方面的自然科学与哲学。他的作品很多都是用讲课的笔记作为基础，有些就是他学生的课堂笔记。因此有人把亚里士多德看作是西方第一个教科书的作者。公元前322年，亚里士多德去世。

亚里士多德继承柏拉图的观点，强调教育是国家的职能，学校要由国家管理。他首先提出儿童身心发展阶段的思想；赞成雅典健美体格以及和谐发展的教育，强调把天然素质、养成习惯以及发展理性看成道德教育的三个源泉，但他反对女子教育，主张"文雅"教育，让教育服务于闲暇。

亚里士多德主张理性的发展是教育的最终目的，主张国家要对奴隶主子弟进行公共教育。让他们的身体、德行以及智慧得到和谐发展。在教学方法上，亚里士多德重视练习和实践的作用。在师生关系上，亚里士多德是在继承的基础上敢于思考、坚持真理并勇于挑战。他那"吾爱吾师，吾尤爱真理"的品格，鼓舞他把柏拉图建立起来的教学理论推进到了一个更高的水平。

亚里士多德的教学思想是建立在他的人性论、认识论和他对于儿童身心发展考察的基础之上的。他把人的灵魂分成两个部分，一是非理性灵魂，它的功能是本能、感觉和欲望等；二是理性灵魂，它的功能是思维、理解和认识等。在他看来，在人的认识过程中，灵魂的主要功能就是感觉与思考。灵魂借助于感觉器官而感知外界

事物，那被感觉的东西是不以人的意志为转移的，从而承认感觉在认识过程中的地位与作用。但是，他还认为感觉在这里只起到一种诱发的作用，真理与知识只有通过理性的思考才能获得。因此，亚里士多德的教学目的就是发展灵魂高级部分的理性。

亚里士多德为他的哲学学校设立了"百科全书"式的课程。他强调学生在德、智、体以及美等方面全面发展，还在不同时期各有所侧重。幼儿期是以身体发展为主，主要是发展体育；少年期是以音乐教育为核心，把德、智、美作为主要内容；高年级要学习文法、修辞、诗歌、文学、哲学、伦理学、政治学和算术、几何、天文以及音乐等学科。但不管怎样，重心都应放在发展学生的智力上。他十分强调音乐在培养儿童一般修养上的作用。主张音乐具有娱乐、陶冶性情、涵养理性的功能，它能让人解疲乏、炼心智、塑造性格、激荡心灵，进而通过沉思进入理性的、高尚的道德境界。在体育教学中，他不赞成教师仅让学生进行严酷甚至痛苦的训练，要教"简便的体操"和"轻巧的武艺"，注重让儿童身体正常发展。

夸美纽斯有哪些教育理论？

扬·阿姆斯·夸美纽斯，是 17 世纪捷克教育家，他是人类教育史上里程碑式的人物。他一生从事民族独立、消除宗教压迫和教育改革事业，曾担任捷克兄弟会牧师和兄弟会学校校长。

夸美纽斯（Johann·Amos·Comenius，1592～1670），17 世纪捷克的资产阶级民主主义教育家，1592 年 3 月 28 日出生在尼夫尼茨城的一位磨坊主家庭。他 12 岁时失去双亲变成孤儿，在亲戚家中长大。1613 年，夸美纽斯进了德国海德堡大学。1614 年因病中途辍

一口气读懂人文常识

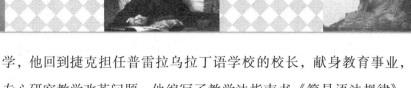

学，他回到捷克担任普雷拉乌拉丁语学校的校长，献身教育事业，专心研究教学改革问题。他编写了教学法指南书《简易语法规律》。1616年他成为"兄弟会"牧师，两年后任"兄弟会"学校校长。

1618年，三十年战争爆发。1620年，夸美纽斯与一帮兄弟会会员流离到深山密林之中，丧失了所有的藏书与手稿。1628年他被迫迁居波兰的黎撒。以后，夸美纽斯飘泊国外，一直没能返回祖国。

从1628年到1641年，夸美纽斯开办了各种类型的学校，还撰写了许多教育著作。比如《母亲学校》、《语文入门》以及《大教学论》，这些著作让夸美纽斯获得了极大的声誉。1641年，又应邀去匈牙利，宣传他的泛智教育，开办了泛智学校，还写下了《论天赋才能的培养》、《泛智学校》以及《组织良好的学校的准则》等多篇教育论文。夸美纽斯在匈牙利期间，还撰写了《世界图解》，这本书是百科全书式的儿童启蒙教育的教材。1650年夸美纽斯成为捷克兄弟会的主教。1656年，夸美纽斯移居荷兰的阿姆斯特丹。他在1670年11月15日去世，终年78岁。

夸美纽斯具有强烈的民主主义、爱国主义、人文主义和唯物主义感觉论思想。他肩负历史重任，想打破旧传统的闸门，使适应新时代的新教育思潮汹涌奔流。但他还没有完全摆脱宗教神学的束缚，常常采用旧瓶装新酒的形式发表他的教育观点。夸美纽斯的各类著作一共有265种。

《大教学论》是西方教育史上第一部体系完整的教育学著作，它全面讲述了人的价值、教育的目的和作用、旧教育的弊病、改革教育的必要性以及可能性、学制、教学法、体育、德育和宗教教育以及学校管理等。

《母育学校》是历史上第一本学前教育学专著，详细讲述了学前教育的重要性、胎教和学前教育的内容。他认为世上所有的人都应该受教育，还把人的教育划分为4个阶段：6岁前是幼儿教育阶段；6～12岁是初等教育阶段，入国语学校受教育；12～18岁要入拉丁文学校；18岁以后成人了，要实现大学教育。

　　夸美纽斯主张普及教育的民主观点，认为所有男女青年，不论富贵与贫贱，都要该进学校。他创制了学校体系，发明了班级授课制，这种主张以及体系现在仍被我们所沿用。

　　在《大教学论》中，夸美纽斯对教学内容，方法和教学艺术进行了详细的分析与说明，提出了一套教学原则，比如直观性原则，循序渐进性原则以及巩固性原则等，奠定了教学论的理论基础。

　　这部巨著有不朽的思想，经过300多年的考验，是现代教育、教学理论的精华以及核心。夸美纽斯生活在欧洲封建主义与资本主义交替的历史时期，他吸取了欧洲文艺复兴的人文主义教育成果，反映新兴资产阶级的教育要求，总结自己长期的教育理论和实践，论述了教育问题，揭露和抨击了中世纪经院主义教育理论与实践的危害，提出了一系列有助于促进生产与科技发展的教育见解，他在世界教育史上占有特别重要的地位。

　　他的主要教育思想包括：1．论教育目的。他主张教育的最终目的是为人的永生作准备。总之教育的培养目标要把人类培养成具有广博知识和终身为祖国服务的人；教育的目的是给人以知识、德行以及虔信，使人能理解万物和利用万物。2．论教育作用，他主张教育对社会发展具有促进作用。他重视儿童的差异与后天教育。3．论

一口气读懂人文常识

普及教育，夸美纽斯在 17 世纪 30 年代，就提出了普及教育的主张。他论述了普及教育的必要性，认为人应该是理性的动物。4. 论学校体系。5. 论班级授课制。6. 论教学过程。他的教学过程的基本程序是：从对事物的直观到对事物的理解；再从对事物的理解到关于所理解事物的知识的记忆；最后是用语言和书面表达的练习把所记忆的知识表达出来。7. 论教学原则，夸美纽斯详尽地论述了各个重要的教学原则，其中有自然适应性原则、直观性原则、自觉性与积极性原则、系统性原则、巩固性原则、量力性原则与因材施教原则。8. 论道德教育；论教师的地位和作用。

卢梭对女子的教育观是什么？

卢梭（Jean—Jacques Rousseau，让·雅各·卢梭，1712 ~ 1778）是法国著名启蒙思想家、哲学家、教育家以及文学家，也是 18 世纪法国大革命的思想先驱，还是启蒙运动最卓越的代表人物之一。他是《百科全书》的撰稿人之一，主要著作是《论人类不平等的起源和基础》、《社会契约论》、《爱弥儿》、《新爱洛伊丝》以及《忏悔录》等。

卢梭 1712 年 6 月 28 日出生在瑞士日内瓦一个钟表匠的家庭。他是在父亲和姑妈的抚养下长大的。卢梭的童年生活很快就结束了，在他 13 岁时，当律师书记。不久，卢梭在一位雕刻匠手下当学徒。16 岁时，卢梭先后当过家庭教师、书记员和秘书等。他结识了大哲学家狄德罗。

在教育上，他认为教育目的在培养自然人；反对封建教育戕害和轻视儿童，主张提高儿童在教育中的地位；主张改革教育内容与方法，顺应儿童的本性，让他们的身心自由发展，反映了资产阶级

以及广大劳动人民从封建专制主义下解放出来的要求。

　　卢梭关于女子教育的观点是从他的"遵循自然，归于自然"的基本思想中引申出来的。他认为所有一切男女两性的特征，都要看作是由于自然的安排而得到尊重。卢梭认为一个是积极主动，身强力壮的，而另一个就是消极被动，身体柔弱的。他认为女子虽显得弱，但也能支配强者；她们是孩子们与父亲之间的纽带；生儿育女、帮助与体贴丈夫是她们应尽的自然义务。她们有很多东西需要学习，但是她们只能学习适合于她们学习的东西。

　　卢梭认为，像男孩的教育一样，对女孩也要首先培养健康的身体，但更要注重灵巧的目的的教育。为此，她不能整天坐着不动、娇生惯养，而要尽情游戏，免除过分的束缚。这对于以后生育健壮的孩子以及获得良好的身段是有益的。卢梭还安排女子学习唱歌、跳舞以及绘画等，让她们声音动人、身材灵巧、风度优雅，还具有思考的习惯，以便更好地愉悦家人、教育子女，而不是为了参加社交活动。女子的治家能力是她尽相夫育子的天职所不可缺少的。卢梭理想中的女子不仅要是女工的能手，而且是管理、调度、安排全家生活以及让全家人亲密相处的能人。不过，她最好不进菜园与厨房。卢梭不同意女孩学习更深的知识，因为他认为她们没有相当精细的头脑以及集中的注意力去研究严密的科学。

　　卢梭在女子教育问题上的总倾向是保守的。小家碧玉、贤妻良母是他教育的目标。尽管如此，但对于当时贵族妇女不事家务、奢侈放荡的风气来说，也是一种难得的思想。

裴斯泰洛齐是是慈爱的儿童之父吗？

约翰·海恩利希·裴斯泰洛齐（Johann Heinrich Pestalozzi

1746～1827），是瑞士伟大的民主主义教育家。他受卢梭教育思想的影响，放弃神学研究，38岁从事一项教育贫苦儿童的计划，让学童边纺织边学习，来培养他们的自立能力。他深信每个人都有与生俱来的发展机能与受教育的平等权利。他在此过程中总结了一些宝贵的经验。

1780年出版的《一位隐士的夜晚时刻》概括了他的"教育必须顺乎自然"的理论。他相信人性具有无穷的应变能力；人的道德修养与知识造诣由他自己负责，而教育就要发展人的天才，让他能够独立思考问题。在《格特鲁德是如何教育她的学生们的》一书中，他详细讨论了智育的主要原理，还认为德育最为重要。法国大革命后，他开始从事儿童教育工作，收养了许多战后孤儿。为了增强学生们的道德品质，他全力为他们创造一个充满家庭气氛的环境。他还主办了两个学校作为教学实验基地，以证实他在德育、智育以及体育三方面的教学法。其中一个学校闻名世界，吸引了许多外国人前往参观。他的教学法旨是培养学生自给、自立、自助以及助人能力。

裴斯泰洛齐的课程论，主张集体的而非个人的背诵，课程以学生喜欢的活动为主，比如绘画、写作、唱歌、体操、模型制作、采集标本、绘制地图与郊游等等。他认为教学要为学生的个别差异留有余地，学生分组要根据能力，而不要根据年龄，还主张把正规的教师培训作为实现科学教育的一个组成部分。

裴斯泰洛齐教育思想中最突出的一点就是主张情感教育以及爱的教育。他认为教育者首先必须具有一颗慈爱之心，用慈爱赢得学生们的爱与信赖。因此，教师要精心照顾好儿童，注意儿童的需要，

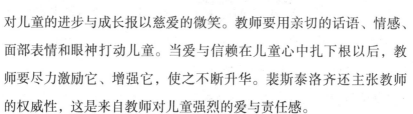

对儿童的进步与成长报以慈爱的微笑。教师要用亲切的话语、情感、面部表情和眼神打动儿童。当爱与信赖在儿童心中扎下根以后，教师要尽力激励它、增强它，使之不断升华。裴斯泰洛齐还主张教师的权威性，这是来自教师对儿童强烈的爱与责任感。

裴斯泰洛齐还是西方教育史上第一位把"教育与生产劳动相结合"的思想付诸实践的教育家。裴斯泰洛齐是"慈爱的儿童之父"。

福禄培尔是幼儿园的创立人吗？

福禄培尔（Fredrich Froebel，1782～1852），德国教育家，是幼儿园运动的创始人。他的教育理论用德国古典哲学与早期进化思想作为主要根据，用裴斯泰洛齐的教育观点作为教育思想的主要渊源。《人的教育》是他的教育代表作，反映了他对于哲学以及教育学的基本观点。

福禄培尔把"统一"和上帝的精神看作万物的本质与原因，而教育的实质与任务在于帮助人自由以及自觉地表现他的神的本质，认识自然、人性以及上帝的统一。他肯定人性本善，主张顺应自然进行教育。他以辩证的眼光把人的教育描述成一个分阶段的、连续不断的以及由不完善到完善的发展过程。

福禄培尔强调家庭生活特别是母亲在早期教育中的作用，重视自我活动与游戏的教育价值，还探讨了学校教育的课程问题，它的特点是将手工与艺术课列入学校课程。他的主张为以后的恩物游戏奠定了理论基础。

福禄培尔接受了裴斯泰洛齐的观点，主张儿童生而具有各种能力，儿童天赋能力的发展是有内在规律的；教育的目的是发展儿童

一口气读懂人文常识

的天赋；一切教育都必须遵循自然法则进行，在适应儿童的内在发展规律的同时，还要考虑儿童生长的自然环境。

福禄培尔将儿童的发展分为三个时期，也就是婴儿期、幼儿期以及少年期。福禄培尔认为儿童的发展有阶段性和有连续性，二者是相互联系的；前一阶段是后一阶段的基础，后一阶段是前一阶段的延续，儿童的发展一定要循序渐进。福禄培尔还认为，儿童的自我活动是发展的基础与动力。

福禄培尔的幼儿教育理论：1. 论学前教育，包括学前教育的意义、学前教育的内容是游戏、作业和劳动。2. 论学校教育，其内容有宗教、自然常识与数学、语言和艺术。3. 论家庭和学校之间的关系。4. 恩物教育理论。

蒙台梭利的教育主张是什么？

玛丽亚·蒙台梭利（1870～1952），是意大利著名教育家，她是蒙台梭利教育法的创始人。她的教育法是建立在对儿童的创造性潜力、儿童的学习动机和作为一个个人的权利的信念的基础之上的。

1870 年 8 月 31 日，玛莉亚·蒙台梭利生于意大利的安科纳省。她虽是一个独生女，让她从小就能够关怀别人，培养出择善固执的个性。5 岁那年，蒙台梭利全家迁往罗马。蒙台梭利开始她多彩多姿的求学过程：13 岁时进入工科学校工科组就读，20 岁自达文奇工科大学毕业，期间她学习了自然科学和现代语言。

她决心研读生物学，还进入医学院就读。1894 年，蒙台梭利在罗马大学医科毕业，是意大利第一位女医学博士，名震全国，后到罗马大学精神病诊所担任助理医师。开始对智力迟钝儿童的教育问

题感兴趣。她接触到了白痴儿童，开始研究智障儿童的治疗和教育问题，于是她开始阅读特殊教育的著作和这方面的研究报告。

1899～1901 年，她担任罗马国立心理矫正学校校长，把自己研究出的方法，实际地应用到孩子身上；同时还为她学校的同工与罗马的教师们，预备了一套对低能儿童的"特殊观察法"和教育法。她研制了各式各样的教育工具，帮助孩子"手脑并用"增进智能。其后，她从校长高位上离开，回到罗马大学注册，重做学生，研究生物科学、实验心理学、正常教育学以及教育人类学等有关学科，以便完全探索人类成长的自然法则，找出科学的教育理论以及方法。经过了沉潜苦研的 7 年，她找出了人类生命发展的规律，逐步地形成她的初步思想与理论。1901～1904 年，她在罗马大学讲授教育学；1905～1908 年任人类学教授。在此期间，她继续学习哲学、心理学以及教育学。

1907 年 1 月 6 日，第一所"儿童之家"在罗马的贫民窟桑罗伦多区正式开幕，3 个月后第二所蒙台梭利"儿童之家"建立。她把她的方法应用在智力正常的儿童。

她在研制了能够促进心智发展的种种教具，来提升人类的智慧，发掘无穷的潜能，并且形成了著名的蒙特梭利教学法。1909 年，蒙台梭利写成了《运用于儿童之家的科学教育方法》。1912 年，她前往美国，她的教育法在旧金山博览会中的展示获得了大会唯一的两面金牌奖。

蒙台梭利，1952 年 5 月 6 日在荷兰的阿姆斯特丹去世，享年 82 岁。她为了儿童，为了人类精神的复兴和人性的发展，奉献了她所有的智慧和一生。

一口气读懂人文常识

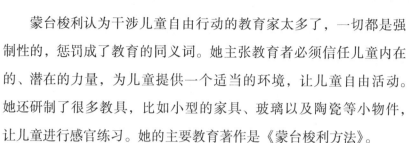

蒙台梭利认为干涉儿童自由行动的教育家太多了，一切都是强制性的，惩罚成了教育的同义词。她主张教育者必须信任儿童内在的、潜在的力量，为儿童提供一个适当的环境，让儿童自由活动。她还研制了很多教具，比如小型的家具、玻璃以及陶瓷等小物件，让儿童进行感官练习。她的主要教育著作是《蒙台梭利方法》。

马卡连柯有些什么教育观念?

马卡连柯（1888～1939），Makarenko Anton Semiohovich，是苏联教育家和作家。1905年从小学师资训练班毕业后从事教育事业。1905年起担任小学教师和校长。1920年后先后主持高尔基工学团与捷尔任斯基儿童劳动公社，从事对流浪儿童以及少年违法者的教育改造工作提出了通过集体与生产劳动来教育儿童和在集体中进行教育的原则与方法，丰富了他的教育学理论。1935年马卡连柯任乌克兰苏维埃社会主义共和国内务人民委员部工学团管理局副局长，还从事写作、理论著述以及学术讲演活动。

集体主义教育是马卡连柯教育思想体系的重要方面。他认为通过组织健全、合理的教育集体来教育学生，是培养社会主义新人的主要方法。他提出教育任务是培养集体主义者，只有在集体中、通过集体以及为了集体进行教育，才能完成培养集体主义者的任务。他认为不可把学生看作受训练的材料，要把他们看成是社会的成员、社会活动的参加者以及社会财富的创造者。他提出前景教育在人的教育以及儿童集体的形成和发展中具有重要作用。要不断向集体展示一个又一个前景，提出新任务，引导集体为实现新任务而努力，鼓舞集体在追求美好前景中不断前进。马卡连柯主张教育者对集体

一口气读懂人文常识

和集体中每个成员的教育与影响应是同时的、平行的，集体首先要成为教育工作的对象。他主张劳动是教育的根本因素之一，要成为集体生活的重要组成部分。提出了劳动和教育并行的原则。马卡连柯还提出了尊重与严格要求相统一的教育原则，认为对人的尊重与对人提出严格要求二者是统一的。

其主要教育文艺著作是《教育诗》、《塔上旗》和《父母必读》；主要教育理论著作是《教育过程的组织方法》、《儿童教育讲座》和《普通学校的苏维埃教育问题》。

马卡连柯的教育观点有：1．尊重信任，他在教育工作中非常尊重学生的人格。他从来不把失足青少年当作违法者合流浪儿看待，而是看作具有积极因素与发展可能的人。他认为，尊重人、信任人，是教育人的前提；只有从尊重人、信任人出发，才会产生合理的教育措施，才会取得良好的教育效果。2．寓教于乐。3．"无言教育"。4．非凡观察。5．从善如流。6．"平行影响"。7．美化集体等。

瓦·阿·苏霍姆林斯基的教学目的是什么？

瓦·阿·苏霍姆林斯基（BAСухомлнский，1918～1970），苏联著名教育实践家与教育理论家。他从 17 岁就开始投身教育工作，直到逝世，在国内外享有盛誉。他出生在乌克兰共和国一个农民家庭。1936～1939 年在波尔塔瓦师范学院函授部学习，毕业后获得中学教师证书。1948 年到 1970 去世，担任巴甫雷什中学的校长。1969 年获得乌克兰社会主义加盟共和国功勋教师称号，还获两枚列宁勋章、1 枚红星勋章、多枚乌申斯基以及马卡连柯奖章等。

苏霍姆林斯的教育书籍有《给教师的一百条建议》、《公民的诞

生》、《失去的一天》、《给女儿的信》、《给教师的建议》、《把整个心灵献给孩子》、《和青年校长的谈话》、《巴甫雷什中学》、《公民的诞生》、《年轻一代共产主义信念的形成》、《怎样培养真正的人》、《我把心献给孩子》、《学生的精神世界》和《教育的艺术》等教育专著。

教育思想有1. 论教育。苏霍姆林斯基从很多角度论述了教育目的，提出了"培养共产主义建设者"、"培养全面发展的人"、"聪明的人"、"幸福的人"以及"合格的公民"等等。其中具有代表性的观点是要把青少年培养成为"全面和谐发展的人，社会进步的积极参与者。"要培养这种人需要实现全面发展的教育任务，也就要让智育、体育、德育、劳动教育以及审美教育深入地相互渗透与相互交织，使这几个方面的教育呈现一个统一的完整的过程。2. 论教学。他从智育的基本任务出发，要求正确解决教学过程中教学与教育、教学与发展的矛盾关系，主张在促进矛盾的辩证统一过程中，完成目的，实现和谐发展的总任务。

关于教学与发展的统一。首先他主张师生通过教学有效地传授和获取知识，认为只有掌握知识的人才是一个真正幸福的人。其次，他坚决反对那种只给知识，不重视发展智力的教学。因此，他主张教师要善于激发学生的求知欲，讲课力求生动、形象、有趣、反对"满堂灌"，引导学生积极思考，还用分数去鼓励他们，让学生体验到学习取得成绩的快乐。

苏霍姆林斯基是"教育思想泰斗"。他的书被称为"活的教育学"、"学校生活的百科全书"。他所领导的帕夫雷什中学被列为世界上著名的实验学校之一。

苏霍姆林斯基带给后人的启示是，教育理论工作者要深入教育教学第一线，做深入细致研究工作，即教育工作者除了搞好日常工作之外，还要不忘记肩负的理论研究的使命。真正的教育家是教育理论家和教育实践家的完美结合。

杜威的教育观念是什么？

杜威是近代美国教育思想家、实用主义哲学家。他是"恐怕没有一个能够比得上杜威对美国及世界教育思想和实施，有其深远的影响和无与伦比的贡献"的人物。杜威不仅是20世纪中的一位哲学家，教育家，心理学家，而且在美国国内，还是一位积极推动社会改革，提倡民主政治理想的自由主义派人士，同时，是一位致力于民本主义教育思想的实践者。他的思想，不仅形成了实验主义（Experimentalism）哲学体系，而且还是间接影响到进步主义教育实施和理论的一位教育哲学家。由于他毕生从事著作和教学，受业学生分布世界各地，故他的影响是他人所不能匹敌的。他的学生胡适，是中国20世纪上半叶的著名学者以及新文化运动的一员健将。

杜威（John Dewey）1859年的10月20日出生在一个中产社会阶级的杂货商家中。他15岁从贝林顿当地的中学毕业，进入维蒙特大学学习，在1879年完成学业。

杜威在大学的前两年修读希腊文和拉丁文、西洋古代史、解析几何与微积分。第三年开始学习自然科学的课程，其中有地质学、动物学和进化理论；他还从当时英国生物学家赫胥黎的生理学教本中，获得不少的启示，尤其是关于进化的理论、生物和环境的理论，都使他有不少心智上的激动。在大学课程的第四年，他就更为广泛

地接触到人类智慧的领域。

1879 年，杜威在维蒙特大学毕业，在宾州南油城担任教师，还继续研读哲学史。1880 年，杜威写了论文《唯物主义之形而上的假设》。1882 年的秋天，杜威在约翰霍布金斯大学开始了以哲学为主的研习生涯。以后，杜威在密西根大学担任哲学讲师。

1894 年，杜威担任支加哥大学的哲学、心理学和教育系主任。他和妻子创立了名闻遐迩的实验小学。后来，他在哥伦比亚大学担任教职。1919 年，杜威曾先后在北京、南京、杭州、上海和广州等地讲学，把民主和科学的思想直接播种在中国。1928 年，杜威曾经到苏联和土耳其，还到过南非、墨西哥等地。杜威在哥伦比亚大学任教 26 年才退休，退休之后还从事著作，宣扬民本主义。

杜威是一个比较倾向于自由派的教育家，不希望向权威低头。在他的鼓励下，美国大学教师在 1914 年组织了全美大学教授联合会，4 年后，还在纽约组织了纽约教师联合会，是维护教师权益的一个有力组织。

他和人合写的《认知与所知》在他 90 岁的时候出版。他 93 岁时因肺炎去世。

他的著作有《心理学》、《应用心理学》、《思维术》、《民本主义与教育》、《经验与教育》、《哲学之重建》、《稳定性的追求》、《经验与自然》、《艺术即经验》、《逻辑——探究之理论》和《认知与所知》等。

杜威的哲学思想是以实验主义哲学作为基础的。教育在本质上，就是社会维系其存在和发展的一种历程，教育在形式上，不应孤立在社会生存和发展的环境之外，这一基本的认识，可以概括了杜威

一口气读懂人文常识

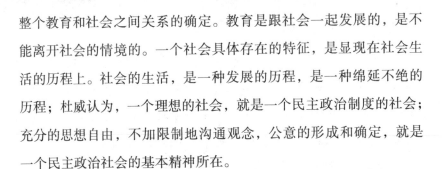

整个教育和社会之间关系的确定。教育是跟社会一起发展的，是不能离开社会的情境的。一个社会具体存在的特征，是显现在社会生活的历程上。社会的生活，是一种发展的历程，是一种绵延不绝的历程；杜威认为，一个理想的社会，就是一个民主政治制度的社会；充分的思想自由，不加限制地沟通观念，公意的形成和确定，就是一个民主政治社会的基本精神所在。

到目前为止，在美国近代教育思想家中，可以说还找不到一位比杜威对美国和世界教育思想，更具有影响力的人物。他提出了"教育即生长"、"教育即生活"、"教育即经验之生长和重组"、"学校即社会"、"从做中学"等教育观念。

赫尔巴特是教育学之父吗？

约翰·菲力德利赫·赫尔巴特（1776～1841）是近代德国著名的哲学家、心理学家以及教育家，科学教育学的奠基人，有"教育学之父"之称。他出生在一个律师家庭，在小时候就受到了严格的家庭教育。1806年写完了《普通教育》，还在哥尼斯堡大学创办第一所教育研究所。

他的主要著作是《普通教育学》、《论世界的美的启示为教育的主要工作》、《教育学讲授纲要》等。这些著作的内容主要是赫尔巴特关于教育目的、教育的心理学基础、多方面兴趣等观点。

赫尔巴特第一次提出了教育学要以心理学为基础的观点，从而让教育学建立在科学的理论基础之上。他为了进一步揭示观念相互作用的规律，还提出了"意识阈"与"统觉团"的概念。他主张一个观念如果要由一个完全被抑制的状态进入一个现实观念的状态，

一口气读懂人文常识

就要跨过一道界线，这些界线就是"意识阈"。而任何观念要进入意识内，都必须和意识中原有观念的整体相和谐，否则就会被排斥。这个观念的整体就是"统觉团"。他根据儿童心理活动规律，把课堂教学划分为明了、联想、系统以及方法四个阶段，也就是著名的"形式阶段理论"，因而为近代教学法的建立奠定了基础。这一理论后来被他的学生发展成"五段教学法"。

他提出了多方面兴趣学说，主张人具有多方面的兴趣，教学的直接目的就是培养多方面的兴趣。他设计了一套内容广泛的课程体系。他首次提出"教育性教学"的概念，主张没有无教学的教育，也没有无教育的教学，从而阐明了教育和教学之间的辩证关系。此外，他还就德育、学校管理、各年龄阶段的教育、课程等提出了自己的见解。

赫尔巴特是近代教育科学的创始人，他在教学的心理学化方面做出重要贡献。他是"教师中心说"的代表人，他的理论对后世影响极大。

赫尔巴特的教育理论有：首先是讨论教育目的，他认为教育的目的是个人品格以及社会道德。这种道德就是五种永恒不变的观念，也就是内在自由的观念、完善的观念、善意的观念、法权的观念与正义的观念。赫尔巴特将儿童未来的目的分成两部分，也就是希望达到的目的与必要的目的。赫尔巴特主张教育的本质就是以各种观念来丰富儿童的心灵，将他们培养成具有完美的道德品格的人。

他的教育内容是"统觉联合论"。赫尔巴特认为，教育是建设心灵与培养品德的过程，而建设心灵的原料是教材和课程。他主张教材应包括两种知识：

第一种知识是和外界事物接触的知识，从物体本身、力量性质以及自然法则推理而来的实证知识。第二种知识是来自社会关系交互作用的体会。赫尔巴特把整个教育过程分成管理、教学与道德。

建构主义是什么理论？

建构主义的英文是 Constructivism，也叫结构主义，最早提出者可追溯到瑞士的皮亚杰（J. Piaget）。他是认知发展领域最有影响的一位心理学家，他创立的关于儿童认知发展的学派被人们叫做日内瓦学派。皮亚杰的理论充满唯物辩证法，他坚持从内因与外因相互作用的观点来研究儿童的认知发展。他认为，儿童是在和周围环境相互作用的过程中，逐渐建构起关于外部世界的知识，从而使自身认知结构得到发展。儿童和环境的相互作用涉及两个基本过程："同化"和"顺应"。认知个体就是由同化和顺应这两种形式来达到和周围环境的平衡：当儿童能用现有图式去同化新信息时，他就处于一种平衡的认知状态；而当现有图式不能同化新信息时，平衡就被破坏，而修改与创造新图式的过程就是寻找新的平衡的过程。儿童的认知结构就是由同化和顺应过程逐步建构起来，并在"平衡——不平衡——新的平衡"的循环中得到不断的丰富、提高以及发展。这就是皮亚杰关于建构主义的基本观点。

建构主义学习理论的基本内容是"学习的含义"，也就是关于"什么是学习"和"学习的方法"也就是关于"如何进行学习"。

建构主义认为，知识不是由教师传授得到，而是学习者在一定的情境也就是社会文化背景下，借助学习是获取知识的过程以及其他人的帮助，这里面包括教师与学习伙伴，运用必要的学习资料，

一口气读懂人文常识

通过意义建构的方式而获得。这就是建构主义的学习观。

而建构主义的学习方法则是在教师指导下的、以学习者为中心的学习，也就是说，在强调学习者的认知主体作用的同时，还要不忽视教师的指导作用，教师就是意义建构的帮助者、促进者，而不是知识的传授者和灌输者。学生是信息加工的主体、是意义的主动建构者，并不是外部刺激的被动接受者与被灌输的对象。

人本主义心理学有什么教育理论？

人本主义心理学，主张从人的直接经验与内部感受来了解人的心理，强调人的本性、尊严、理想与兴趣，认为人的自我实现与为了实现目标而进行的创造才是人的行为的决定因素。

人本主义心理学家认为，行为主义把人类学习与一般动物学习混为一谈，不能体现人类本身的特性，而认知心理学在重视人类认知结构同时，却忽视了人类情感、价值观以及态度等最能体现人类特性的因素对学习的影响。他们的观点是要理解人的行为，你需要理解他所知觉的世界，也就是必须从行为者的角度来看待事物。要改变一个人的行为，首先要改变他的信念与知觉。人本主义者特别关注学习者的个人知觉、情感、信念以及意图，认为它们是导致人和人的差异的"内部行为"，因此他们强调要以学生为中心来设立学习情景。

人本主义心理学代表人物罗杰斯认为，人类具有天生的学习愿望与潜能，它们能在合适的条件下释放出来；当学生了解到学习内容和自身需要相关时，学习的积极性最容易激发；在一种具有心理安全感的环境下能更好地学习。罗杰斯认为，教师的任务不是教学

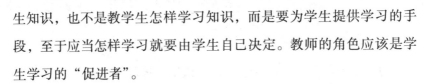

生知识，也不是教学生怎样学习知识，而是要为学生提供学习的手段，至于应当怎样学习就要由学生自己决定。教师的角色应该是学生学习的"促进者"。

人本主义心理学家认为，教育的目标和学习的结果要是使学生成为具有高度适应性与内在自由性的人。

根据学习对学习者的个人意义，可以把学习分为无意义学习和意义学习两大类。意义学习，就是一种涉及学习者成为完整的人，使个体的行为、态度、个性以及在未来选择行动方针时发生重大变化的学习，是一种和学习者各种经验融合在一起的、使个体全身心地投入其中的学习；无意义学习则相反。

人文法律篇

法家的政治主张是什么？

春秋时期，法家分三派。一派是以慎到为代表的，主张在政治和治国方术之中，运用"势"策略，也就是运用权力和威势最为重要。一派是以申不害为代表的，主张运用"术"，也就是政治权术。还有一派是以商鞅为首，主张运用"法"，也就是采用法律与规章制度。后来的韩非子主张"三者都要运用，缺一不可，都是帝王得政治措施也"。

法家的治国方针：第一是制定法律，法的作用是约束百姓的行为。圣人治理国家，不是要每个人都做善事，只要每个人都不作恶，国家就能太平。君王治理国家，要关注大多数，而少数人无关紧要。所以只要执法，而不是立德。第二是循名而责实，君王需要有一套驾驭臣子的权术。而担任一定职务的官吏，有责任去完成他的职务所要求的各项工作。君王的职责就是把某项名义的职务授给某人。

《美利坚合众国宪法》是世界上第一部成文的宪法吗？

美利坚合众国宪法，英文全称是 The Constitution of the United States，通称美国联邦宪法或者美国宪法。它是美国的根本大法，奠定了美国政治制度的法律基础。它是世界上第一部成文的宪法。1787 年 5 月，美国各州代表都在费城召开制宪会议，1787 年 9 月 15 日制宪会议通过《美利坚合众国宪法》。1789 年 3 月 4 日，这部宪法正式生效。后来还附加了 27 条宪法修正案。

在美国独立战争结束后，13 个殖民地地区依据邦联条例，第一

次成立了以大陆会议为形式的中央政府。

1786年9月，5个州的行政长官在安那波利斯举行会议，讨论怎样修改邦联条例来促进各州之间的通商往来。邦联国会在1787年2月21日批准了修订邦联条约的方案。1787年9月17日，这个宪法草案在费城召开的美国制宪会议上获得代表的批准，还在此后不久被当时美国拥有的13个州的特别会议所批准。根据这部宪法，美国是一个由各个拥有主权的州所组成的联邦国家，同时还有一个联邦政府来为联邦的运作而服务。1789年3月4日，美国宪法正式生效。这部宪法为日后许多国家的成文宪法的制定提供了成功的典范。

美国宪法制定的目的有两个：一是限制政府的权力，二是保障人民的自由。它的原则有三权分立、联邦体制、宪法至上和人人平等。

美国国家权力分成三部分：立法权、行政权以及司法权。这三部分权力相互之间保持独立。在理论上，三权完全平等，还互相制衡。每种权力都有限制其他两种权力滥用的职能。通常认为它的思想根源来自法国著名思想家孟德斯鸠的著作《论法的精神》。

美国宪法规定美国采用联邦制的国体。联邦政府只拥有在宪法中列举的有限权力，而其余没有列明的权利都属于各州和人民。

美国宪法和国会通过的法律的效力高于其他一切法律、行政法规以及规定。这意味着联邦各级法院能审查立法机关通过的法律是否同宪法相抵触，并且能宣布违反宪法的法律无效。同时，法院还能审查包括美国总统在内的各级政府颁布的法令的合宪性。

依据美国宪法第十四修正案，人人都有平等地获得法律保护的权利。各州之间也保持平等地位，原则上任何州都不可以获得联邦

一口气读懂人文常识

政府的特殊对待。根据宪法的规定，各州要互相尊重以及承认彼此的法律。州政府与联邦政府要在形式上保持共和体制。

这部宪法是世界历史上最早的成文宪法之一。此后许多国家把美国宪法作为模范而制定本国宪法。此外法国大革命的思想都受到了美国宪法的极大影响。第二次世界大战后，美国通过对日本的占领与对其制定宪法的指导，对《日本国宪法》也有非常明显的影响。

《独立宣言》是谁起草的？

美国《独立宣言》的英文全称是 The Declaration of Independence，这是一份由托玛斯·杰斐逊起草，还有其它 13 个殖民地代表签署的最初声明北美十三个殖民地摆脱英国的殖民统治的文件。

1776 年 7 月 4 日，大陆会议通过了《独立宣言》。

1776 年 6 月 7 日，在第二届大陆会议中，弗吉尼亚州的理查德·亨利·李提出一个议案。6 月 10 日大陆会议指定一个委员会草拟独立宣言。实际的起草工作由托马斯·杰斐逊负责。7 月 4 日独立宣言获得通过，还分送十三殖民地的议会签署及批准。这十三个殖民地是：新罕布什尔、马萨诸塞、罗德岛、康涅狄格、纽约、新泽西、宾夕法尼亚、特拉华、马里兰、弗吉尼亚、北卡罗来纳、南卡罗来纳、佐治亚。

委员会的成员有马萨诸塞的约翰·亚当斯、宾夕法尼亚的本杰明·富兰克林、弗吉尼亚的杰斐逊、纽约的罗伯特·R·利文斯通和康涅狄格的罗杰·谢尔曼。《独立宣言》中所体现的原则就一直被全世界的人传诵。

独立宣言有三个部分：第一部分阐明政治哲学——民主和自由

的哲学，内容深刻动人；第二部分列举若干具体的不平等事例，来证明乔治三世破坏了美国的自由；第三部分郑重宣布独立，还宣誓支持这项宣言。

《独立宣言》的民主思想，主要体现在平等与天赋人权、主权在民与人民革命权利这三个方面。

第一，平等与天赋人权思想。它的基本精神是主张人具有与生俱来的权利，这些权利绝不能被剥夺。《独立宣言》继承和发展了洛克的天赋人权学说，主张人人生而平等，这些权利是大自然所赋予的，不可剥夺，这些权利有"生命、自由和追求幸福的权利"。

第二，主权在民学说。它是"天赋人权"在理论上的延伸，它的理论要点是：政府合法性的基础来源于广大人民的同意，任何一种形式的政府如果变成损害人民利益以保障自己权利的政府，人民就有权改变甚至废除它，建立新的政府。《独立宣言》提出，人民是主权者，政府的一切权力来源于人民，政府要服从人民意志，为人民幸福与保障人民权利而存在。

第三，人民革命权利的理论。《独立宣言》以天赋人权与主权在民理论为基础，指出：既然政府的权力来源于人民，目的是保障人民的自然权利，一旦政府不履行职责，侵犯人民的权利，人民就有权起来革命来改变和推翻它。

《独立宣言》意义重大。首先，《独立宣言》是一个伟大的政治文件。它虽然是北美殖民地上层讨论的结果，但是却代表了广大殖民地人民的心声。它是人类历史上第一次以政治纲领的形式提出了以下原则：人人生而平等、人具有不可剥夺的生命、自由与追求幸福的权利；政府必须经人民的同意而组成，要为人民幸福和保障人民权利而存在；人民

有权起来革命以推翻不履行职责的政府。这些原则是以后美国的意识形态，为美国以后200多年的发展奠定了思想基础，大大鼓舞了北美人民的革命斗志，让他们为实现独立的崇高目标而英勇奋斗。它还直接影响了法国大革命，是1789年法国《人权宣言》的范本。对亚洲和拉丁美洲的民族独立运动起了一定的推动作用。

《解放宣言》的内容是什么？

《解放黑人奴隶宣言》（简称《解放宣言》）的英文是 Emancipation Proclamation，它是1863年1月1日，总统林肯颁布的一项旨在让美国南部叛乱州的黑人奴隶成为自由民的法令。南北战争初期，联邦政府军失利。为扭转战局，1862年9月22日，林肯召开内阁会议，公布预告性《解放黑人奴隶宣言》。宣布：如果在1863年1月1日以前南方叛乱者不放下武器，叛乱诸州的奴隶将从那一天起获得自由并受保障。1863年元旦，林肯根据宪法所授予的合众国陆海军总司令的职权，颁布了《解放黑人奴隶宣言》。正式宣布：仍在反叛联邦的各州和若干区域内，"所有被据为奴隶的人们立即获得自由，并且以后将永保自由"，"获得自由的人们，将被容纳于联邦的武装部队"，为联邦服务。此举让大批黑人奴隶参加了联邦军队，战争后期达到18万人。《解放黑人奴隶宣言》是作为军事措施颁布的，没有用宪法的形式固定下来。1865年和1868年，国会分别通过了宪法第13、14条修正案，才正式废除奴隶制。

《解放黑人奴隶宣言》是联邦成立以后美国历史上最重要的文件之一，得到国内外进步人士以及广大劳动群众的坚决支持和拥护。

一口气读懂人文常识

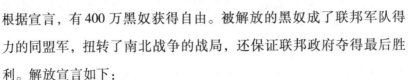

根据宣言，有 400 万黑奴获得自由。被解放的黑奴成了联邦军队得力的同盟军，扭转了南北战争的战局，还保证联邦政府夺得最后胜利。解放宣言如下：

解放黑奴宣言

（1863 年 1 月 1 日）

林 肯

有鉴于公元 1862 年 9 月 22 日，联邦总统已公布了一项宣言，包含如下内容，即：

自公元 1863 年元月 1 日起，任何一州或州内指定地区要是仍蓄有奴隶，当地人民将被视为反叛合众国政府。一切被蓄为奴的人应获得自由，并永享自由。合众国政府，包括陆海军当局，承认并维护上述人员之自由。对于此种人或其中任何一人为争取实际自由而作的努力，不采取任何压制行动。

从上述的元月 1 日起，总统将认定并宣布那些为反叛合众国政府的州或州内地区。其他各州及当地人民如于该日确有由该州多数合格选民选出的代表真诚地参加合众国国会，倘无其他有力之反证，该州及其人民将被确认为不反叛合众国政府。因此，我，合众国总统亚伯拉罕·林肯，值此合众国政府及其权威受到武装叛乱反对时期，依据合众国陆海军总司令的职权，为剿灭上述叛乱而采取适当与必需的军事手段，在此公元 1863 年元月 1 日，于上次为此目的而发表之宣言满 100 日之际，正式宣布并认定下列各州、州内地区及其人民反叛合众国政府，即：

阿肯色州、得克萨斯州、路易斯安那州（以下除外：圣伯纳、

帕拉奎明斯、杰弗逊、圣约翰、圣查理士、圣詹姆士、阿克森、阿森姆逊、特里本、拉孚切、圣玛丽、圣马丁和奥尔良各教区、新奥尔良市）、密西西比州、亚拉巴马州、佛罗里达州、佐治亚州、南卡罗来纳州、北卡罗来纳州及弗吉尼亚州（除指定为西弗吉尼亚的48个县以及柏克莱、阿康玛克、诺斯汉姆顿、伊丽莎白市、约克、安公主与诺福克，包括诺福克市及朴茨茅斯市）。明确规定，对上述除外的各地区目前保持本宣言公布前之原状。

根据上述目的及我享有之权力，我正式命令并宣布，在上述指明的各州及州内地区，所有被蓄为奴隶的人，从现在起，获得自由，并永享自由。合众国政府，包括其陆海军当局，承认及维护上述人员之自由。

我在此责成上述宣告获得自由之人员，除必需之自卫，应避免使用任何暴力；同时劝告他们，只要可能，在任何情况下都应忠实工作，取得合理的薪金。

我还要宣布周知，上述人员如条件符合，可为合众国征召入伍以警卫堡垒要塞、据点兵站及其他地方，亦可在各种军舰上服务。

我真诚地认为，这是一个正义的行动，此行动由于军事之必需，为宪法所认可。我要求人类判断此行动时予以谅解，请求全能上帝慈悲赐福。

作为证明，我署名于此并加盖合众国国玺。

于华盛顿，1863年元月1日

合众国独立第87周年。

阿伯拉罕·林肯

威廉·西华德（国务卿）

一口气读懂人文常识

《共产党宣言》是谁写的？

共产党宣言的英文名称是 The Communist Manifesto，《共产党宣言》又叫《共产主义宣言》，是卡尔·马克思同弗里德里希·恩格斯为共产主义者同盟起草的纲领，是国际共产主义运动第一个纲领性文献，是马克思主义诞生的重要标志。1847 年 11 月共产主义者同盟第二次代表大会委托马克思与恩格斯起草一个周详的理论与实践的党纲。马克思、恩格斯取得一致认识，还研究了宣言的整个内容以及结构，最终是由马克思执笔写成的。

《共产党宣言》第一次全面系统地讲述了科学社会主义理论，指出共产主义运动已经是不可抗拒的历史潮流。构成《宣言》核心的基本原理是：每一历史时代主要的生产方式和交换方式以及必然由此产生的社会结构，是该时代政治的与精神的历史所赖以确立的基础，并且只有从这一基础出发，历史才可以得到说明。从原始社会解体以来人类社会的全部历史都是阶级斗争的历史；这个历史有一系列发展阶段，现在已经达到这样一个阶段，也就是无产阶级，如果不同时使整个社会摆脱任何剥削、压迫与阶级划分以及阶级斗争，就不能让自己从资产阶级的剥削统治下解放出来。

《共产党宣言》运用辩证唯物主义同历史唯物主义分析生产力和生产关系、经济基础同上层建筑的矛盾，分析阶级与阶级斗争，尤其是资本主义社会阶级斗争的产生和发展过程，论证资本主义必然灭亡以及社会主义必然胜利的客观规律，作为资本主义掘墓人的无产阶级肩负的世界历史使命。《宣言》公开宣布必须以革命的暴力推翻资产阶级的统治，建立无产阶级的"政治统治"，表述了用无产阶

一口气读懂人文常识

级专政代替资产阶级专政的思想。《宣言》还指出无产阶级在夺取政权后，必须要在大力发展生产力的基础上，逐步地进行巨大的社会改造，进而达到消灭阶级对立与阶级本身的存在条件。《宣言》批判当时各种反动的社会主义思潮，对空想社会主义作了科学的分析与评价。《宣言》讲述作为无产阶级先进队伍的共产党的性质、特点以及斗争策略，指出为党的最近目的而奋斗同争取实现共产主义终极目的之间的联系。《宣言》最后庄严宣告："无产者在这个革命中失去的只是锁链。他们获得的将是整个世界。"并发出国际主义的战斗号召："全世界无产者，联合起来！"

《家庭、私有制和国家的起源》是谁写的？

《家庭、私有制和国家的起源》，是弗里德里希·恩格斯（Friedrich Engels，1820～1895）的一部关于古代社会发展规律与国家起源的著作，是马克思主义国家学说的代表作之一。

在卡尔·马克思去世后，恩格斯在整理马克思的手稿时，发现马克思对路易斯·亨利·摩尔根的著作《古代社会》所做的摘要与批语，恩格斯研究后认为有必要进行补充来写一部专门的著作论述唯物主义的历史观。

恩格斯以唯物史观阐释摩尔根的研究成果而提出：由于劳动生产率的发展，产生了私有财产，因此形成了阶级与阶级对立；由于各阶级的冲突导致以血亲家族为基础的旧社会的炸毁以及被组成国家的新社会所取代；家庭制度受所有制支配。恩格斯根据摩尔根对美洲印第安人社会的研究，补充了恩格斯本人对古代罗马、希腊以及日耳曼人社会的研究材料，论述了人类早期原始社会阶段与奴隶

社会早期国家形成的历史。

恩格斯研究了史前各文化阶段和家庭的起源、演变以及发展，重点论述了人类史前各阶段文化的特征、早期的婚姻与从原始状态中发展出来的几种家庭形式，指出一夫一妻制家庭的产生同最后胜利就是文明时代开始的标志之一。恩格斯根据大量史料，阐述了原始社会的基本特征。分析了原始社会解体的过程以及私有制、阶级的产生，揭示了国家的起源、阶级本质以及发展与消亡的规律。指出国家与阶级、私有制一样，不是从来就有的，而是在经济发展的一定阶段上产生的。国家就是阶级矛盾不可调和的产物，是经济上占统治地位的阶级进行政治统治的工具，是凌驾于社会之上而且日益和社会脱离的特殊公共权力，它的作用是协调各阶级的矛盾。国家随阶级的产生而产生，也会随阶级的消亡而消亡。该书是恩格斯运用唯物史观研究国家的重要成果，它科学地阐明了家庭、私有制、阶级的起源和国家产生的关系，极大地丰富了马克思主义的政治学说。

《资本论》的研究对象是什么？

《资本论》是卡尔·亨利希·马克思写的。它的问世，不仅完成了政治经济学的伟大革命，标志着马克思主义政治学的诞生，而且还对马克思主义理论体系进行了最为全面的科学论证。《资本论》第一卷不仅是马克思主义政治经济学的最重要的著作，而且还是马克思主义哲学的最主要的著作。

它被誉为是马克思一生最伟大的主要理论著作和马克思主义理论宝库中光辉灿烂的科学巨著。《资本论》是一部无产阶级政治经济学的光辉巨著，它是马克思主义的百科全书。它是 1859 年发表的《政治经济学

批判》的续篇。1843 年，马克思开始系统地收集资料研究政治经济学。19 世纪 50 年代与 60 年代是《资本论》的创作与完成时期。

《资本论》的研究对象是什么？这本书研究的，是资本主义生产方式以及和它相适应的生产关系与交换关系。《资本论》就是论资本，资本就是带来剩余价值的价值，没有剩余价值就不会有资本，而没有资本也就不会带来剩余价值。它的中心内容就是剩余价值。《资本论》有四卷，研究资本家怎样榨取工人所创造的剩余价值，和剩余价值的实现与分配问题。

《资本论》研究的主要对象是英国。但是，《资本论》所揭示出的资本主义生产关系产生、发展与灭亡的规律，并不仅限于英国，对于其他资本主义国家也适用的。《资本论》的研究对象是生产关系，它的最终目的是要揭示现代社会的经济运动规律，揭示出资本主义生产关系产生、发展与灭亡的规律。

马克思在《资本论》中研究了资本主义社会的发生与发展，揭露了它的内在本质与矛盾，指出社会主义革命的必然性与共产主义的必然性。它的基础是剩余价值学说，马克思根据这一学说揭示了资本主义剥削的秘密，科学地论证了无产阶级必然要为实现无产阶级专政与消灭人剥削人的现象而斗争。马克思的思想武装了全体工人阶级，并在政治经济学上完成了一个伟大的革命。全书所涉及的有关政治学、社会学、历史以及文化的研究，都反映着马克思的历史唯物主义观与阶级斗争学说。

《资本论》这部巨著第一次深刻地分析了资本主义的全部发展过程，以数学般的准确性证明这一发展的方向必然引导到社会主义革命与无产阶级专政的确立。《资本论》武装了无产阶级，是无产阶级

进行革命斗争的强有力的理论武器，是马克思主义理论宝库中光辉灿烂的科学巨著。

《论人类不平等的起源和基础》有几部分？

《论人类不平等的起源和基础》是 J·J·卢梭社会历史观的代表作。它一共有两大部分：第一部分讲述的是自然状态和在自然状态中发展起来的、导致人类进入文明社会的因素；第二部分讲述的是社会状态中人类的不平等、政治奴役与道德堕落的发展。

这本书中假设人类在进入社会状态前曾生活的自然状态是：那时的人类过着离群索居的生活，没有固定的家庭生活，没有住宅，没有财产，人没有互相攻击与掠夺的本性，只有怜悯他人以及自我保存的天然感情；人的各种机能、欲望与情感都处在低级阶段，没有精神的、政治的不平等。但是人有独特的与禽兽不同的自我完善化的能力，共同劳动、家庭的发展促进了人和人的交往，让人的潜在机能被激发起来，导致社会状态的出现。私有制是文明社会的基础，农业以及冶金术的发明是导致这一巨大变革的决定性原因。从此人类产生了许多新的欲望以及偏见，道德急剧堕落，富人与穷人的差别出现了，人类落入了可怕的战争状态。因而，富人哄骗穷人订立社会契约，社会以及法律就是这样起源的，它们保护富人，欺压穷人，这就是不平等发展的第一阶段。订立了契约就需要有保障它实施的强力机构，权力的设立就是不平等发展的第二阶段，它确立强者同弱者的区别。暴君政治的出现是不平等发展的第三阶段以及顶点，它确立主人与奴隶的区别。既然暴君依仗暴力蹂躏法律，人民就有权用暴力推翻他。

本书讨论了既给我们带来财富，又给我们带来罪恶的不平等、

压迫以及剥削的社会。这本书是法国大革命的灵魂，对不平等的起源与人生的真实需要洞察足以贯穿上下五千年、纵横八万里的人类历史，对心灵的拷问以及解剖最为坦率、真切。卢梭式的对平等、民主、以及人性自由的强烈的追求，才会形成一个庞大的中产阶级，才会让工业革命的财富不被一小撮垄断寡头所独占。

《汉谟拉比法典》是第一部比较完备的成文法典吗？

《汉谟拉比法典》是目前所知的世界上第一部比较完整的成文法典。法典竭力维护不平等的社会等级制度与奴隶主贵族的利益，比较全面地反映了古巴比伦社会的情况。法典有序言、正文与结语三部分。正文共有282条，内容是诉讼程序、保护私产、租佃、债务、高利贷以及婚姻家庭等。

《汉谟拉比法典》的英文名称是 The Code of Hammurabi，它刻在一根高 2.25 米，上周长 1.65 米，底部周长 1.90 米的黑色玄武岩柱上，一共有 3500 行，正文有 282 条内容，它用阿卡德语写成。它是世界上最古老和最完整的法典。它是汉谟拉比为了向神明展示自己的功绩而纂集的。汉谟拉比法典把人分成三种等级：有公民权的自由民、无公民权的自由民和奴隶。

《汉谟拉比法典》公开确认奴隶主阶级的统治地位，严格保护奴隶主阶级的利益，还对各种法律关系作了比较全面的规定，尤其是有关债权、契约、侵权行为、家庭和刑法等方面的规定所确立的一些原则，都对后世立法具有重大影响。

《乌尔纳木法典》是最早的成文法典吗？

《乌尔纳木法典》是到现在为止，人们知道的世界上最早的一部

一口气读懂人文常识

181

成文法典。它是乌尔第三王朝的创始人乌尔纳木（约公元前 2113～前 2096 年在位）的时候写的。乌尔纳木建立了强大的中央集权制度，总揽全国大权。他命令用苏美尔文写的一部适用于乌尔全境的法典，这就是《乌尔纳木法典》。这本书是统一两河流域的法律，适应奴隶制的发展与奴隶主镇压奴隶反抗的需要，缓和自由民内部的矛盾。

这法典有序言和正文 29 条两大部分，但是传下来的只有 23 条，没有结语，主要涉及政治、宗教以及法律等方面。序言宣称，是神授予乌尔纳木统治权力，乌尔纳木在人世间的行为是按照神意，确立 "正义" 与《社会秩序》，还列举了他在保护贫弱、抑制豪强等方面所实行的措施。法典的主要内容有对奴隶制度、婚姻、家庭、继承以及刑罚等方面的规定。

《乌尔纳木法典》无论在内容上，还是形式上，都有创新之处。在西亚地区有着重要的地位，对后来两河流域各国制定的法典影响很大。

《人权宣言》的主张是什么？

它的中文全称是《人权和公民权宣言》，简称《人权宣言》，是 1789 年 8 月 26 日颁布的，是在法国大革命时期颁布的纲领性文件。

《人权宣言》采用 18 世纪的启蒙学说以及自然权论，宣布自由、财产、安全以及反抗压迫是天赋不可剥夺的人权，肯定了言论、信仰、著作以及出版自由，阐明了司法、行政、立法三权分立，法律面前人人平等，私有财产神圣不可侵犯等原则。1793 年 6 月 24 日，还宣布 "社会的目的就是共同的幸福"，主张 "主权在民"，还表示如果政府压迫和侵犯人民的权利，人民就有反抗以及起义的权利。

《社会契约论》有些什么观点？

《社会契约论》是法国思想家让·雅克·卢梭在 1762 年写成的一本书。这本书中主权在民的思想，成了现代民主制度的基石。美国的《独立宣言》与法国的《人权宣言》和两国的宪法都体现了这本书的民主思想。

卢梭认为，一个理想的社会，是建立于人同人之间，而不是人与政府之间的契约关系。卢梭认为政府的权力是来自被统治者的认可。卢梭声称，一个完美的社会是被人民的"公共意志"所控制的，他建议由公民团体组成的代议机构来当立法者，通过讨论来产生公共意志。

他认为政府必须分成三个部分：主权者代表公共意志，这个意志必须有益于全社会；由主权者授权的行政官员来实现这一意志；最后，必须有形成这一意志的公民群体。他相信，国家应保持较小的规模，将更多的权利留给人民，使政府更有效率。

人民要在政府中承担活跃的角色。人民根据个人意志投票产生公共意志。要是主权者走向公共意志的反面，那么社会契约就遭到破坏；人民有权决定与变更政府形式以及执政者的权力，还可以用起义的手段推翻违反契约的统治者。

《论法的精神》中提出了哪些观点？

《论法的精神》的作者是孟德斯鸠（C. L. Montesquieu，1689 ~ 1755），他是 18 世纪上半叶杰出的启蒙思想家，是近代资产阶级政治和法理学思想体系的主要奠基人，是近代历史学派的创始人之一。这本书被称为是亚里士多德以后第一本综合性的政治学著作；以及

到他的时代为止的最进步的政治理论书。

他倡导的法制、政治自由与权力分立，还对神学与封建专制的有力抨击。特别是他第一次正式提出的分权和制衡理论，对资产阶级政治实践以及政治思想产生了直接而深远的影响。

他指出法律与政体、自然地理环境、宗教以及风俗习惯等各种因素有关系，法律之间也有关系。这些关系就构成"法的精神"。

《论法的精神》，全书有三卷。第一卷主要是关于法的概述和法与政体之间的关系；第二卷讨论的是法合政治权力的关系；第三卷论述了法律和地理环境的关系。该书中倡导的追求自由、主张法治、实行分权的理论，对世界范围的资产阶级革命产生了重大影响，被载入法国的《人权宣言》以及美国的《独立宣言》。

孟德斯鸠有哪些思想？

查理·路易·孟德斯鸠（Charles de Secondat, Baron de Montesquieu，1689~1755），出生在法国波尔多附近的拉伯烈德庄园的贵族世家。是法国伟大的启蒙思想家和法学家。孟德斯鸠不仅是18世纪法国启蒙时代的著名思想家，还是近代欧洲国家系统研究古代东方社会和法律文化的学者之一。他的著述影响相当广泛，特别是《论法的精神》这部集大成的著作，奠定了近代西方政治和法律理论发展的基础，还在很大程度上影响了欧洲人对东方政治和法律文化的看法。

孟德斯鸠所处的时代，是法国封建主义与君主专制从发展高峰急剧走向没落的时期，统治阶级用残忍的手段压迫广大人民，宫廷与贵族十分奢侈，民众却在饥寒中挣扎，长期的战乱、苛政让农民起义此起彼伏，政治、经济危机越来越严重。他的社会政治思想有

一口气读懂人文常识

法制思想、三权分立思想、君主立宪思想。

孟德理论对世界资产阶级革命运动产生过巨大的影响。他的理论还被欧美资产阶级革命家用作反对封建暴政的锐利武器，特别是他关于分权与法制的理论更为一些资产阶级国家所直接采用。

商鞅变法了吗？

商鞅（约前390～前338），汉族，卫国（今河南安阳市内黄梁庄镇一带）人。它是战国时期政治家和思想家，是著名法家代表人物。他是卫国国君的后裔，公孙氏，所以叫作卫鞅，后来被封在商地，后人称他为商鞅。他响应秦孝公求贤令而进入秦国，帮助秦孝公变法图强。孝公死后，他被贵族诬害，车裂而死。商鞅在位执政十年，秦国大治，史称"商鞅变法"。

商鞅年轻时就喜爱"刑名之学"。专研以法治国，受李悝、吴起等人的影响很大。公孙鞅听说秦孝公下令在秦国寻求贤者，想收复秦国的失地，就带着李悝的《法经》到秦国去。商鞅三次拜见秦孝公，提出了帝道、王道、霸道三种君主之策。只有霸道得到秦王的赞许，还成为秦国强盛的根基。前359年任左庶长，开始变法，后来升任大良造。

周显王十三年（前356年）和十九年（前350年），商鞅先后两次推行变法，变法内容是：废除井田、广开阡陌，实行郡县制，奖励男耕女织以及战斗，实行连坐的法制。变法一段时间后，卓有成效，秦国人民十分高兴。秦国"道不拾遗，山无盗贼"。

韩非是法家的创立者吗？

韩非（约前280～前233）战国晚期韩国（今河南新郑）人，是

韩王室诸公子之一，是法家的创立者。他和秦相李斯都是荀子的学生。韩非因为口吃而不擅长演说，但是文章写得很好，他的著作很多，主要收集在《韩非子》一书中。韩非不但是战国末期带有唯物主义色彩的哲学家，还是法家思想的集大成者。

韩非看到战国后期的韩国积贫积弱，多次上书韩王，但是他的主张始终得不到采纳。就回家著书立说，写出了《孤愤》、《五蠹》、《内外储》、《说林》以及《说难》等著作。

韩非的书流传到秦国，被秦王嬴政所赏识，秦王就派兵攻打韩国，迫使韩王交出韩非，为秦国效力。韩非在秦国受重用，引起了李斯的妒忌，李斯就秦王面前诬陷韩非，最后因为他是韩国的宗室，没有得到秦王的信任，而进了监狱，最后在大牢里自杀。

韩非死后，他的思想在秦始皇和李斯手上得到了实现。韩非的思想吸收了儒、墨、道等诸家的一些观点，以法治思想作为中心。他总结了前期法家的经验，形成了以法为中心的法、术、势相结合的政治思想体系，是法家之集大成者。

韩非的政治思想为中国封建统一事业起了积极的推动作用，他的哲学思想有唯物主义以及辩证法思想，开拓了人们的思路。韩非是中国历史上的一大思想家。

《韩非子》是韩非主要著作的辑录，一共有文章 55 篇，10 多万字。

人 文 经 济 篇

亚当·斯密是经济学的鼻祖吗？

亚当·斯密（Adam Smith）是经济学鼻祖，他是经济学的主要创立者。1723 年亚当·斯密出生在苏格兰法夫郡的寇克卡迪。亚当·斯密一生和母亲相依为命，终身未娶。

1723～1740 年，亚当·斯密在家乡苏格兰学习，在格拉斯哥大学时期，他完成拉丁语、希腊语、数学以及伦理学等课程；1740～1746 年，到牛津大学求学。之后，他在格拉斯哥大学当逻辑学与道德哲学教授，并负责学校行政事务，一直到 1764 年离开为止。

他出版的《道德情操论》获得学术界极高评价。后来，他写了《国家康富的性质和原因的研究》又简称《国富论》，因此，世人尊称亚当·斯密为"现代经济学之父"以及"自由企业的守护神"。

亚当·斯密首次提出了全面系统的经济学说，为经济学领域的发展打下了良好的基础。因此，《国富论》是现代政治经济学研究的起点。

该书的伟大成就之一是抛弃了许多过去的错误概念。他驳斥了旧的重商主义学说。他否定了重农主义者的"土地是价值的主要来源"的观点，提出了劳动的基本重要性。亚当·斯密重点主张劳动分工会引起生产的大量增长，抨击了阻碍工业发展的一整套腐朽的、武断的政治限制。他是让经济学说成为一门系统科学的主要创立人，因而是在人类思想史上的主要人物。

他的主要理论有：分工理论、货币理论、价值论、分配理论、资本积累理论、赋税理论。他的理论精华在于《国富论》中的哲学基础，说明要获得协助，不能只依赖他人的同情心以及利他主义，

一口气读懂人文常识

189

还要靠激起他人的利己心来完成。人们在利己心的支配下做各种劳动，从而构成了私人财富与社会财富的源泉。把利己心看作人的本性，把经济活动看作利己心作用的结果，也就反映了一切经济现象是客观的，都受某种自然规律的支配。《国富论》提供了资本主义与自由贸易最为重要的论述基础之一，极大地影响了后代的经济学家。是经济学界最为重要而最具影响力的书籍之一。

亚当·斯密的经济思想以"人性"为出发点，把普遍性带到了经济学的领域，使经济学成为社会科学。亚当·斯密建立以改善人民生活为主的经济学观念。亚当·斯密积极倡导"自由放任"与排除政府干预经济事务，促进英国自由贸易政策的完成；他很关心农工大众的利益，同情工人，认为合理工资对占社会多数的工人是必要的。

《国富论》的主张有：1. 个人主义：经济体制之建构，应以保障个人之生存和发展为原则。2. 财产私有制：就是主张私人有权拥有和支配自己的财富。3. 追求利润具有正当性：企业家投资工商业虽然为了追求利润，但是在过程中往往产生服务人群、贡献社会的效果以及促进社会进步。4. 经济自由：主张政治中立，不随便干预经济活动，让每个人按照自己的意志，自由地进行经济活动，如此才能有效率。5. 价格机能：商品的价格，由市场来决定，这样价格自然会调整恰当，而且资源也会配置得当，结果会让社会效益达到最佳的状态。

拜金主义有哪些危害？

所谓拜金主义，用英文来表达就是 money worship，它的意思是

一口气读懂人文常识

盲目崇拜金钱、把金钱价值当作最高价值、一切价值都得服从金钱价值的思想观念以及行为。拜金主义就是一种金钱至上的思想道德观念，认为金钱是万能的，而且是衡量一切行为的标准。这种价值观开始于资本主义鼓励人类追求自我利益的思想主张。

拜金主义的表现：在经济领域有的人割裂经济效益和社会效益，片面强调经济效益；为了自己的利益而牺牲国家以及民族的整体利益和长远利益。不择手段地追逐金钱和利益，他们无视社会公德和践踏市场准则，还伤害他人生命作为代价；在政治领域则表现为大多数执政党的领导干部将手中的权力当成谋取钱财的手段，因此出现不少贪污腐败、行贿受贿、权钱交易以及跑官卖官等腐败现象。在文化领域的表现是：文化活动商品化；文化工作者的社会责任感消失；媒体为了市场占有率，而迎合低级以及庸俗的趣味，还有纵容错误的东西出现；学者的著书立说只是为了评职称、捞资本以及争名利，还有为捞取金钱而甘心为人摇唇鼓舌等等。

拜金主义危害严重。拜金主义和人的全面发展相背离，剥夺了人的本质的丰富性，把人降低成金钱的奴隶；拜金主义让社会成为一个物欲横流、人情冷漠、尔虞我诈和人人自危的社会，成为一个道德沦丧和信仰缺失的社会。

经济领域要是任由拜金主义泛滥，就会出现经济秩序混乱，诚信丧失，就会让诚实劳动得不到回报，让坑蒙拐骗、敲诈勒索者大行其道；政治领域要是盛行拜金主义，执政党与政府就会失去广大人民群众的信任以及支持，执政党的政权就有得而复失的危险；文化领域要是一切唯金钱至上，整个社会就失去精神支柱，失去凝聚力，社会发展就失去意义与价值。

功利主义是谁提出的？

功利主义用英文来表达就是 Utilitarianism，也就是效益主义，它是道德哲学中的一个理论。主张追求"最大幸福"。代表哲学家是约翰·史都华·米尔和杰瑞米·边沁。功利主义的派别有：情境功利主义、普遍功利主义、规则功利主义。

功利主义，是英国哲学家，经济学家边沁以及米尔提出的。它的基本原则有：一种行为只要有助于增进幸福，这就是正确的；如果导致产生与幸福相反的东西，就是错误的。幸福关系到行为的当事人和受该行为影响的每一个人。

功利主义的观点是人应该做出能"达到最大善"的行为，最大善的计算就必须依靠这种行为所关系到的每个个体之苦乐感觉的总和，其中每个个体都被看成有相同份量，并且快乐和痛苦是能够换算的，痛苦值是"负的快乐"。功利主义不考虑一个人行为的动机和手段，只考虑一个行为的结果对最大快乐值的影响。能增加最大快乐值的就是善；反之就是恶。边沁与米尔认为：人类的行为完全是以快乐与痛苦为动机。米尔认为：人类行为的唯一目的就是求得幸福，因此，对幸福的促进是判断人的一切行为的标准。

功利主义的影响十分广泛。它在法律、政治学、经济学方面都十分重要。功利主义者认为惩罚的基本原理是通过改造罪犯和保护社会不受罪犯破坏。在政治哲学上，功利主义者认为把民主作为使政府利益和公众利益取得一致的一种方法。在经济政策上，功利主义者主张自由贸易，反对政府干涉。

凯恩斯主义有哪些经济学家？

凯恩斯主义的英文是 Keynesian，又叫凯恩斯主义经济学，它是以凯恩斯的著作《就业、利息和货币通论》的思想基础构建的经济理论，提倡国家采用扩张性的经济政策，采取增加需求促进经济增长。也就是扩大政府开支，实行财政赤字，刺激经济以及维持繁荣。

凯恩斯的看法是宏观的经济趋向可以制约个人的特定行为。凯恩斯认为维持整体经济活动数据平衡的措施是在宏观上平衡供给与需求。凯恩斯以及其他建立在凯恩斯理论基础上的经济学理论被叫作宏观经济学。凯恩斯的观点是生产和就业的水平由总需求的水平决定。总需求是整个经济系统里对商品与服务的需求的总量。

凯恩斯提倡国家干预经济和刺激有效需求，加强宏观需求管理，以实现充分就业与经济增长。凯恩斯主义主要代表人物有英国的凯恩斯，J·V·罗宾逊，H·R·F·哈罗德和美国的 A·H·汉森，P·A·萨缪尔森等。前者是凯恩斯主义的新剑桥学派；后者是凯恩斯主义的新古典综合学派。

凯恩斯主义税收思想的主要税收理论是税收是刺激需求的手段；补偿税收政策；失业补助金、其他福利转移支付以及自动改变的税收制度（即"自动稳定器"）。

大卫·李嘉图是一位天才吗？

大卫·李嘉图，（David Ricardo，1772～1823），李嘉图是英国古典政治经济学的代表、古典经济学理论的完成者、古典学派的最后一名代表、最有影响力的古典经济学家。他出生在犹太人家庭，12

一口气读懂人文常识

193

岁到荷兰商业学校学习，1793年独立开展证券交易活动，25岁时拥有200万英镑财产，随后钻研数学、物理学。1799年，李嘉图读亚当·斯密《国富论》后开始研究经济问题，参加了当时关于黄金价格与谷物法的讨论，1817年发表《政治经济学及赋税原理》，1819年当选下议院议员。

李嘉图把功利主义作为出发点，建立起了以劳动价值论为基础，以分配论为中心的理论体系。他主张商品价值由生产中所耗费的劳动决定的原理，还提出决定价值的劳动是社会必要劳动，决定商品价值的是活劳动和投在生产资料中的劳动。他认为全部价值由劳动产生。他还论述了货币流通量的规律和对外贸易中的比较成本学说等。他的理论达到资产阶级界限内的高峰，极大地影响了后来的经济思想。

在经济理论研究方面，大卫·李嘉图是一位大器晚成的奇才。他27岁时才开始学习亚当·斯密的《国民财富的性质与原因的研究》，37岁发表第一篇经济学论文。随后就一发而不可收拾，在他14年短暂的学术生涯中，给后人留下了大量的著作、文章、笔记、书信以及演说。其中，1817年出版的《政治经济学及赋税原理》最具盛名。《政治经济学及赋税原理》用精炼的理论架构和贴近现实的语言与例证，全面论述了他当时的资本主义生产方式的运行机制，使他成为了经济学的集大成者以及19世纪初叶最伟大的经济学家。李嘉图提出了著名的比较优势贸易理论。其学术思想有：价值理论、比较优势理论、工资理论以及利润理论。